Leben.Lieben.Arbeiten **SYSTEMISCH BERATEN**

Herausgegeben von
Jochen Schweitzer † und
Arist von Schlippe

Jim Wilson

Spielerisch mit ernsten Themen umgehen

Kindern und Familien therapeutisch begegnen

VANDENHOECK & RUPRECHT

Mit einer Abbildung

Bibliografische Information der Deutschen Nationalbibliothek:
Die Deutsche Nationalbibliothek verzeichnet diese Publikation in der
Deutschen Nationalbibliografie; detaillierte bibliografische Daten sind
im Internet über https://dnb.de abrufbar.

© 2023 Vandenhoeck & Ruprecht, Robert-Bosch-Breite 10, D-37079 Göttingen
ein Imprint der Brill-Gruppe
(Koninklijke Brill NV, Leiden, Niederlande; Brill USA Inc., Boston MA, USA;
Brill Asia Pte Ltd, Singapore; Brill Deutschland GmbH, Paderborn, Deutschland;
Brill Österreich GmbH, Wien, Österreich)
Koninklijke Brill NV umfasst die Imprints Brill, Brill Nijhoff, Brill Hotei,
Brill Schöningh, Brill Fink, Brill mentis, Vandenhoeck & Ruprecht, Böhlau,
V&R unipress und Wageningen Academic.

Alle Rechte vorbehalten. Das Werk und seine Teile sind urheberrechtlich
geschützt. Jede Verwertung in anderen als den gesetzlich zugelassenen Fällen
bedarf der vorherigen schriftlichen Einwilligung des Verlages.

Umschlagabbildung: © David Garner, »Discarded«

Satz: SchwabScantechnik, Göttingen
Druck und Bindung: ⊕ Hubert & Co, Göttingen
Printed in the EU

Vandenhoeck & Ruprecht Verlage | www.vandenhoeck-ruprecht-verlage.com

ISSN 2625-6088
ISBN 978-3-525-40823-0

Inhalt

Zu dieser Buchreihe 9
Vorwort 11
Einführung 13

I Der Kontext
1 Spielerisch ernsthaft sein – worauf es ankommt 20
   1.1 Systemischer Wandel: Einführung nicht zu
       ungewöhnlicher Unterschiede 23
   1.2 »Spielerisch ernsthaft« – ein Widerspruch? 27

II Systemische Beratung
2 Begegnung mit Kindern: Schritte auf dem Weg zu einer
ko-kreativen Praxis 34
   2.1 Schritt 1: Lernen Sie, die Welt aus anderen Perspektiven
       zu sehen 35
   2.2 Schritt 2: Seien Sie vorbereitet 37
   2.3 Schritt 3: Führen Sie den Prozess 45
   2.4 Little Arthur revisited: eine denkbare Alternative 49
   2.5 Schritt 4: Schlagen Sie eine Brücke zwischen Eltern
       und Kind, wo es möglich ist: Hören Sie auf die Musik 50
   2.6 Das eigentliche Ziel: Verbundenheit 58
3 Das Repertoire: Methoden, Möglichkeiten und
Grenzen der Kreativität 59
   3.1 Mögliche Wege zur kreativen Verbindung
       mit Kindern 61
   3.2 Kann man Spiel ernst nehmen? 63

    3.3 Mögliche Herausforderungen für die kreative Praxis
          mit Kindern 65
    3.4 Fachsprache kann den Spielraum für
          Kreativität einschränken 69
    3.5 Pause zum Nachdenken 71
4 Spielerisch mit ernsten Themen umgehen: Zwei Illustrationen ... 74
    4.1 Yasmin und ihre Mutter Nadia 75
    4.2 Jason, der »widerständige« Patient 85

III Zum Schluss

5 Hoffnung aus kleinen Anfängen 94
6 Literatur 97
7 Der Autor 101

*The book is dedicated to the memory of
Professor Jochen Schweitzer (* 23.1.1954, † 31.10.2022),
a friend across countries, fellow therapist
and playful musician.*

This book would not have been written had it not been for the warm invitation from Arist von Schlippe and Jochen Schweitzer and their attentive support throughout the period of writing.

I have also deeply valued the responses to earlier drafts from Gerrilyn Smith, radical thinker and psychologist, Gerry Cunningham, psychologist and wise man, Bengt Weine, consultant and systemic therapist, my son Andrew Wilson, copywriter, and Sian, my wife, who always made space for me to »get on with it!«

Thank you also to David Garner, renowned Welsh artist and inspiration, for his fittingly, playfully serious art work on the front cover of the book.

Zu dieser Buchreihe

Die Reihe »Leben. Lieben. Arbeiten: systemisch beraten« befasst sich mit Herausforderungen menschlicher Existenz und deren Bewältigung. In ihr geht es um Themen, an denen Menschen wachsen oder zerbrechen, zueinanderfinden oder sich entzweien und bei denen Menschen sich gegenseitig unterstützen oder einander das Leben schwer machen können. Manche dieser Herausforderungen (Leben.) haben mit unserer biologischen Existenz, unserem gelebten Leben zu tun, mit Geburt und Tod, Krankheit und Gesundheit, Schicksal und Lebensführung. Andere (Lieben.) haben mit unseren intimen Beziehungen zu tun, mit deren Anfang und deren Ende, mit Liebe und Hass, mit Fürsorge und Vernachlässigung, mit Bindung und Freiheit. Wiederum andere Herausforderungen (Arbeiten.) behandeln planvolle Tätigkeiten, zumeist in Organisationen, wo es um Erwerbsarbeit und ehrenamtliche Arbeit geht, um Struktur und Chaos, um Aufstieg und Abstieg, um Freud und Leid menschlicher Zusammenarbeit in ihren vielen Facetten. Die Bände dieser Reihe beleuchten anschaulich und kompakt derartige ausgewählte Kontexte, in denen systemische Praxis hilfreich ist. Sie richten sich an Personen, die in ihrer Beratungstätigkeit mit jeweils spezifischen Herausforderungen konfrontiert sind, können aber auch für Betroffene hilfreich sein. Sie bieten Mittel zum Verständnis von Kontexten und geben Werkzeuge zu deren Bearbeitung an die Hand. Sie sind knapp, klar und gut verständlich geschrieben, allgemeine Überlegungen werden mit konkreten Fallbeispielen veranschaulicht und mögliche Wege »vom Problem zu Lösungswegen« werden skizziert. Auf unter 100 Buchseiten, mit etwas Glück an einem langen Abend oder einem kurzen Wochenende zu lesen, bieten sie zu dem jeweiligen lebensweltlichen Thema einen schnellen Überblick.

Die Buchreihe schließt an unsere Lehrbücher der systemischen Therapie und Beratung an.

Unsere Bücher zum systemischen »Grundlagenwissen« (1996/2012) und zum »störungsspezifischen Wissen« (2006) fanden und finden weiterhin einen großen Leserkreis. Die aktuelle Reihe erkundet nun das »kontextspezifische Wissen« der systemischen Beratung. Es passt zu der unendlichen Vielfalt möglicher Kontexte, in denen sich »Leben.Lieben.Arbeiten« vollzieht, dass hier praxisbezogene kritische Analysen gesellschaftlicher Rahmenbedingungen ebenso willkommen sind wie Anregungen für individuelle und für kollektive Lösungswege. Um klinisch relevante Störungen, um systemische Theoriekonzepte und um spezifische beraterische Techniken geht es in diesen Bänden (nur) insoweit, als sie zum Verständnis und zur Bearbeitung der jeweiligen Herausforderungen bedeutsam sind. Wir laden Sie als Leserin und Leser ein, uns bei diesen Exkursionen zu begleiten.

Jochen Schweitzer und Arist von Schlippe

Vorwort

»Windows to our children«, hieß ein Buch der Kindertherapeutin Violet Oaklander, das mich in den 1970er und 1980er Jahren, als ich in der Kinderpsychiatrie arbeitete, begeistert hatte. Die Fähigkeit, solche »Fenster« zu finden erfordert die Bereitschaft, sensibel und vorsichtig nach Zugängen zu verletzten kindlichen Seelen zu suchen. Das ist eine nur schwer zu lernende Kunst, jenseits aller therapeutischer »Schulen«. Ich war und bin beeindruckt, wenn ich Persönlichkeiten erlebe, deren Kreativität ihnen bei der Suche nach Wegen keine Grenzen setzt – »Wo nimmt sie, wo nimmt er das bloß her?«, habe ich mich mehr als einmal gefragt.

Eine dieser Persönlichkeiten ist Jim Wilson. Er ist im Handumdrehen in der Lage, den Rahmen eines als »Familientherapiegespräch« bezeichneten Kontextes zu verändern, es entstehen kleine Theaterbühnen, spielerisch werden Rollen jongliert, Bilder und Musikstücke werden lebendig, Geschichten erfunden, die genau zu dem Dilemma des jeweiligen Kindes passen (wie etwa in diesem Buch die Story vom Hund, der auf der Suche nach seinem verlorenen Bellen war, die Jim einem mutistischen Kind erzählt). Die Spielfreude, mit der all dies geschieht, ist ansteckend, nicht nur für die Kinder: Auch die Eltern erleben, dass »Fenster« geöffnet werden, die ihnen Möglichkeiten des Verstehens eröffnen können, die im angespannten Familienalltag nur schwer, wenn überhaupt, zu finden sind. Zugleich ist Kreativität kein einseitiges therapeutisches Angebot, es geht eher darum, mit den betroffenen Ratsuchenden in einen Kontext von »Co-Creativity« einzusteigen – und damit eigentlich darum, wieder spielerischer mit dem Leben umzugehen.

Bei aller Leichtigkeit, die sich auch durch dieses Buch zieht, ist nicht zu vergessen, dass es um sehr ernste Themen gehen kann. Das erschütternde Beispiel eines Kindes, das infolge schwerer innerfamiliärer Misshandlungen gestorben war, zeigt, welche Verantwortung mit der Übernahme eines therapeutischen Kontrakts einhergeht. Umso wichtiger ist es, mit all diesen Bildern davon, was kindliches Leid ausmacht, sich den spielerischen Zugang, auch zu sich selbst, nicht zu verbauen. Um es noch einmal zu sagen: Das ist etwas anderes als ein »Konzept« zu haben, eine »Theorie«, womöglich über »psychische Krankheiten« (mit der man oft von Anfang an den Zugang zum Gegenüber eher erschwert). »Erfahrung ist für mich die höchste Autorität«, sagte Carl Rogers einmal. Das stimmt und es mag den oder die kindertherapeutische Einsteigerin entmutigen, doch es geht hier (und auch bei Rogers) nicht nur um fachliche Berufserfahrung. Erfahrung ist viel weiter gefasst, die Grundlage für Erfahrungen ist die Bereitschaft, sich selbst kennenzulernen, »Fenster« auch zu sich selbst offenzuhalten und so Schritt für Schritt zu einer Form spielerischer, nicht invasiver Neugier auf die Welt des anderen zu finden und dies mit der Fähigkeit zu verbinden, dabei über andere Medien zu gehen als (nur) über Worte.

Ich wünsche Ihnen, liebe Leserin, lieber Leser, dass sich in der Lektüre auch für Sie immer wieder ein »Fenster« öffnet.

Arist v. Schlippe

Einführung[1]

»Ich bin noch ein Kind. Ich lerne noch. Mein Name Satyarthi bedeutet ›Schüler der Wahrheit‹, und so will ich auch bleiben. Wenn ich ein Kind bleibe, bleibe ich ein Schüler«.
Kailash Satyarthi, gemeinsam mit Malala Yousafzai, Trägerin des Friedensnobelpreises 2014, für ihren Kampf gegen die Unterdrückung aller Kinder und Jugendlichen und für das Recht aller Kinder auf Bildung.[2]

Inspiration und Prägnanz

Die Einladung, ein kurzes, praxisorientiertes Buch zu schreiben, veranlasst mich, mich auf die Kernideen und Praktiken zu konzentrieren, die ich in meiner vierzigjährigen Entwicklung als systemischer (Familien-)Therapeut als nützlich empfunden habe. Ich hoffe, dass dieses Buch die Kreativität der Leserinnen und Leser für die eigene Praxis anregt und in der Begegnung mit Kindern und Jugendlichen zu neuen Möglichkeiten inspiriert. Gleichzeitig sollte niemand die Fähigkeiten unterschätzen, die er oder sie bereits im eigenen

---

1 Übersetzung: Arist v. Schlippe (auch die Literaturzitate wurden aus dem Englischen direkt übersetzt; die Seitenangaben beziehen sich ggf. auf die englischen Originalausgaben).
2 Zitat aus einer Rede von Kailash Satyharti (http://mareld.se/wp-content/uploads/2017/11/Small-steps-with-children.pdf, Zugriff am 28.03.2023).

Repertoire hat und die helfen, die Arbeit im Bewusstsein von Kompetenz, Konzentration und Zufriedenheit auszuführen.

Die Fähigkeit, das eigene Praxisrepertoire zu überprüfen, zu korrigieren, in Frage zu stellen und zu verbessern, ist von entscheidender Bedeutung. Dies gilt besonders da, wo wir in einem »Trott« steckengeblieben sind, wo es uns an Enthusiasmus oder Neugier fehlt. Hubble und Miller (2011) sehen es so, dass unsere Entwicklung uns immer wieder dazu zwingt, »konsequent und bewusst Ziele zu erreichen, die knapp über das eigene Leistungsniveau hinausgehen« (S. 25). Ich stelle mir das so vor, dass es einen zirkulären Prozess gibt zwischen unseren Handlungen und der Art und Weise, wie wir denken: Ideen können unsere Handlungen beeinflussen und formen, und unsere Handlungen wiederum können unsere Ideen beeinflussen. Das bedeutet für therapeutisch tätige Personen, die eigenen Ideen bewusst zu reflektieren und die eigenen Handlungen neu zu bewerten, vor allem wenn Handlungen und Ideen uns bei unseren Klienten ins Leere laufen lassen.[3] Wie Satyarthi vorschlägt, sind wir alle Schüler, und wenn wir aufgeschlossen bleiben, werden wir unsere Fähigkeiten als Therapeutinnen und Therapeuten weiter ausbauen.[4]

Die Begegnung mit Kindern und Jugendlichen in Not ist etwas anderes als die Anwendung von Verfahren, das ist mir sehr wichtig.

---

3 Ich habe mich für den Begriff »Klient« bzw. »Klientin« als allgemeine Beschreibung derjenigen Kinder und Jugendlichen entschieden, die eine professionelle Dienstleistung in Anspruch nehmen. Die Leser und Leserinnen können alternative Beschreibungen wie »Patientin« oder »Dienstleistungsnutzer« einfügen, die jeweils unterschiedliche Schwerpunkte in der Konstruktion der Beziehung zwischen dem Praktiker und den Kindern, die er/sie trifft, haben.

4 Ich werde die Oberbegriffe »Praktiker« und »Therapeut« (bzw. jeweils die weibliche Form) synonym verwenden, um alle Fachleute zu bezeichnen, die im Bereich der sozialen und psychischen Gesundheit mit Kindern und ihren Familien arbeiten. Wenn ich von meiner eigenen Praxis spreche, verwende ich ausdrücklich den Begriff »Therapeut«, um meine Funktion als systemischer Familientherapeut zu bezeichnen.

Es geht in erster Linie um eine menschliche Begegnung, einen multisensorischen Austausch, in dem verschiedene Methoden und Techniken ihren Platz haben, die in den folgenden Kapiteln thematisiert werden. Doch alle Methoden ergeben nur Sinn in dem einzigartigen Beziehungskontext zwischen der Fachkraft, dem Kind und den wichtigen anderen Personen im Leben des Kindes. Darüber hinaus wird die Berufspraxis natürlich noch durch den beruflichen Kontext und den Arbeitsplatz des Einzelnen beeinflusst. Wenn die Dienste für Kinder unter enormem Druck stehen oder wenn Richtlinien die Möglichkeiten einschränken, angemessene Dienste für unsere Klienten einzurichten, kann sich die Praktikerin überfordert fühlen und nicht in der Lage sein, ihre Kreativität voll zu entfalten. Daher ist es von entscheidender Bedeutung, solche Einschränkungen in den Blick zu nehmen und kreative Wege zu finden, diese zu überwinden, wenn sie eine effektive Praxis einschränken (Wilson, 2017). Die Merkmale des Arbeitskontextes von Praktikern werden auf den nächsten Seiten diskutiert. Wir sind in erster Linie soziale Wesen, und wir müssen in der Lage sein, den verschiedenen Kontexten im Leben eines Kindes[5] Aufmerksamkeit schenken.

Kreativität und spielerisch ernsthafte Praxis

Kreativität in der Praxis entsteht in einem Kontext der Erkundung zwischen den Beteiligten und wird hier nicht als Eigenschaft eines Therapeuten betrachtet. Um die Praxis ernst zu nehmen, um mit den Tragödien des Lebens umzugehen, profitiert man auch davon, das Spielerische in unseren Begegnungen mit anderen anzuzapfen. Das

---

5 Ich werde das Geschlecht des Praktikers bzw. der Praktikerin variieren, um eine übermäßige Verwendung von »er« bzw. »sie« zu vermeiden. Wenn in den Fallstudien die Lebensumstände der Kinder beschrieben werden, werde ich die angegebene Geschlechtsidentität verwenden, obwohl aus Gründen der Vertraulichkeit einige Details ihrer Situation geändert wurden.

bedeutet nicht, die Ernsthaftigkeit der Praxis zu minimieren, sondern sich selbst zu erlauben, zu erkennen, welche Bedeutung das Spiel mit Ideen und Techniken, unsere Vorstellungskraft hat, um kreative Verbindungen mit unseren Klienten herzustellen. Das erfordert eine gewisse Respektlosigkeit gegenüber einigen gängigen professionellen Praktiken, die unsere Klienten zu »Objekten« machen. Eine spielerisch ernsthafte Praxis und rigoroses Denken schließen sich nicht gegenseitig aus. Als Charlie Chaplin einmal gefragt wurde, welche Präzision bei der Herstellung eines Films erforderlich ist, kam er auf die Bedeutung seines über die Zeit gewachsenen Wissens zu sprechen, das ihm ein gewisses Maß an Spontaneität bei der Filmherstellung ermöglichte: »Alle schöpferische Arbeit wird aus Begeisterung und Enthusiasmus heraus getan [...] wir beginnen so«.[6] Die Frage, wie man seine Begeisterung für die Praxis aufrechterhalten kann, ist wichtig, denn genau dies fließt in die Arbeit mit ein und überträgt sich auf die Kinder und Jugendlichen, denen wir in diesem Rahmen begegnen. Schließlich sind ja *sie* es, die beurteilen, ob wir in der Therapie mit unserer Präsenz voll und ganz bei ihnen anwesend sind (Stern, 2005) oder einfach nur eine müde Routine durchlaufen. Wie wir beginnen, ist wirklich wichtig.

---

6 Zitat aus einem BBC-Radiointerview vom 12.04.1954 (https://www.larousse.fr/encyclopedie/sons/Charlie_Chaplin/1101937, Zugriff am 28.03.2023).

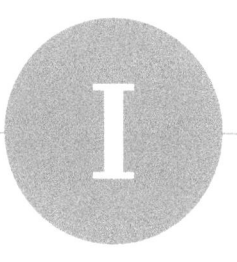

Der Kontext

1 Spielerisch ernsthaft sein – worauf es ankommt

Wir sind in erster Linie soziale, relationale Wesen

Im Juni 2021 wurde der sechs Jahre alte Arthur Labinjo-Hughes (Murray, 2021) von der Lebensgefährtin seines Vaters ermordet. Seine Hirnschäden waren auf einen Schlag gegen eine Wand zurückzuführen. Sein kleiner Körper war ausgemergelt, und Videoaufnahmen seiner letzten Tage zeigten ihn so geschwächt, dass er nicht einmal eine Bettdecke vom Boden aufheben konnte. Auf dem Video ist auch zu sehen, wie er zu sich selbst sagt: »Niemand liebt mich!« Die detaillierten Schilderungen des Prozesses gegen seinen Vater und dessen Lebensgefährtin sind erschreckend, aber nur allzu bekannt, und zeigen, dass die Behörden, die für die Kinder zuständig sind, immer wieder systematisch versagen.

Einem Kind in der Therapie zu begegnen, bedeutet nicht einfach, es zu *sehen* oder seine Worte zu *hören*. Es geht darum, das Kind als ganze Person kennenzulernen, die in ihren einzigartigen Beziehungskontext eingebettet ist. Schauen wir anhand des Beispiels, was das bedeutet: Als ein Sozialarbeiter die Familie besucht hatte, nachdem der Verdacht bestand, dass Arthur misshandelt wurde, stellte dieser Arthur die Frage: »Auf einer Skala von null bis zehn, wie glücklich bist du?« Das Kind antwortete: »Zehn«. Erst später vor Gericht wurde deutlich, dass der Vater dem Kind gedroht hatte, dass es von zu Hause fortgenommen werden würde, wenn es nicht diese »glückliche« Antwort gäbe. Arthurs Worte wurden als exakte Spiegelung seiner Gefühle aufgefasst, anstatt »zwischen den Zeilen« zu lesen und die Feinheiten der erzwungenen Antwort zu beachten. Es fehlte eine Einschätzung des Kontextes von Angst und Einschüchterung in Arthurs Leben. Die »verführerischen« Beteuerungen des Vaters und seiner Lebensgefährtin, dass die blauen Flecken des Jungen das Ergebnis eines »ausgelassenen Spiels« seien, wurden unwidersprochen hingenommen. Wäre der Sozialarbeiter in der Lage gewesen, die Einzelheiten des »ausgelassenen Spiels« zu erforschen, hätte dies zu einer genaueren Beurteilung und zu der Erkenntnis führen können, dass ungestümes Spiel nicht zu blauen Flecken in dem Ausmaß und der Schwere hätte führen können, wie Arthur sie erlitten hat. Das eigentlich nötige aufmerksame und investigative Gespräch mit den Eltern wurde nicht geführt. Das auffälligste Merkmal der Berichte über Arthur war jedoch, dass die Fachkräfte es versäumt hatten, direkt mit dem Kind selbst zu sprechen.

Wir sind in erster Linie soziale, beziehungsorientierte Wesen, und bei unseren Versuchen, Kindern zu begegnen und mit ihnen in Kontakt zu treten, müssen wir alle unsere Sinne einsetzen. Wenn Praktiker jedoch ängstlich, ohne Unterstützung und eher reaktiv als reflektierend sind, können wir übersehen, was später so offensichtlich erscheint wie bei dem kleinen Arthur. Angst kann dazu führen, dass wir nach Gewissheit suchen, die Komplexität ausblenden und die Neugier ersticken. Wir verlieren kontextuelle Einflüsse auf unsere Praxis aus den Augen und können so das gesamte Bild des Lebens eines Kindes nicht erfassen.

Donald Winnicott, Psychoanalytiker und Kinderpsychotherapeut, beschrieb seine Praxis mit Kindern als einen »Treffpunkt zwischen uns als Mitwirkenden […] Es geht um Kommunikation und den Austausch zwischen mir und dem Patienten, […] eine gleichberechtigte Begegnung, bei der jeder den anderen etwas lehren kann und zugleich bereichert wird durch die Erfahrung sich einzulassen […].«

Das ist dasselbe wie eine Form in der Kunst, die spontane Impulse und unerwartete kreative Gesten erlaubt. Das ist es, worauf wir warten und was wir in unserer Arbeit schätzen. Wir halten uns sogar mit unseren eigenen brillanten Ideen zurück, aus Angst, die brillanten Ideen zu blockieren, die von dem Kind oder von dem erwachsenen Patienten kommen könnten« (zit. nach Shepherd, Johns & Taylor Robinson, 1996, S. 278).

Ein systemischer Ansatz betont die Erfahrung des Kindes als Ausdruck seiner Persönlichkeit und als Mitglied seiner Familie sowie die vielfältigen Kontexte, die dazu beitragen, sein Identitätsgefühl zu formen. Das heißt: *Systemisch* mit einem Kind zu arbeiten, bedeutet, mit dem *Kind im Kontext* zu arbeiten (s. z. B. Hoffman, 1995; Dallos & Draper, 2005; v. Schlippe & Schweitzer, 2016; Wilson, 2003).

Ganz klar, bei Arthur war der Kontext nicht sicher genug, um im Winnicott'schen Sinne zu »spielen«. Um die Praxis so zu gestalten, dass sie sicher genug ist, um zu spielen, erweitert ein systemischer Ansatz die Definition von Winnicott auf den Beziehungskontext im Leben des Kindes, also die Auseinandersetzung mit dem Kind, seiner Familie und anderen wichtigen Menschen in seinem Leben. Wenn dies nicht möglich ist, dann sollte der Praktiker zumindest diesen Beziehungskontext kontinuierlich mitdenken.

Einem Kind in der Therapie zu begegnen, bedeutet, Verbindungen zu finden, die phantasievoll an seine Erfahrungen anknüpfen und seine psychosozialen Ressourcen erschließen. Um dies zu erreichen, muss die Therapeutin einen Weg finden, sich nicht nur auf das Kind einzustellen, sondern auch auf die es umgebenden Kontexte. Kinder begegnen uns in ihren Worten und Handlungen, und es ist wahrscheinlicher, dass wir eine Verbindung zu ihnen herstellen, wenn wir wahrnehmen, *wie* die Worte des Kindes gesprochen werden und welche Eindrücke uns emotional berühren. Kreativ mit Kindern zu arbeiten, ist eine Herausforderung, die von uns verlangt, unsere

Praxis zu erweitern, ohne die größeren Zusammenhänge aus den Augen zu verlieren, die das, was wir sehen, und das, was wir übersehen können – wie im Fall des jungen Arthur – tiefgreifend beeinflussen können.

1.1 Systemischer Wandel: Einführung nicht zu ungewöhnlicher Unterschiede

Aus einer systemischen Perspektive ist Veränderung darauf ausgerichtet, Möglichkeiten zu eröffnen, die dem Kind und anderen in seinem Leben helfen, sich von sich starren Denk-, Handlungs- und Erfahrungsmustern zu lösen, die wiederum ihre schöpferische Kraft im Umgang mit belastenden und problematischen Lebensproblemen einschränken.

> Randbemerkung: Ich erinnere mich an eine Einführungssitzung mit Bill, einem fünfzehnjährigen Jungen, und seinen Eltern, in der ich mich zu sehr bemühte, ein Gespräch mit Bill zu führen. Je mehr ich von ihm über die Teilnahme an der Therapie wissen wollte, seine Wünsche für einen positiven Ausgang usw., desto mehr sackte er in seinem Stuhl zusammen und murmelte: »Ich weiß nicht«. Schließlich sagte sein Vater: »Bevor er hierherkam, hat Bill mir gesagt, dass er nicht reden würde!«
>
> Das gab mir einen Moment Zeit, meine früheren Versuche, den Jungen mit ins Boot zu holen, zu überdenken. Ich sagte zu ihm: »Bill, bitte rede nicht. Es ist wichtig, dass du nicht redest, wenn du nicht willst. Meiner Erfahrung nach entscheiden junge Menschen selbst, wann sie bereit sind, sich an einem Gespräch zu beteiligen. Also beteilige dich bitte erst, wenn du es möchtest. Stattdessen werde ich jetzt mit deinen Eltern sprechen und dich von Zeit zu Zeit nach

> deiner Meinung zu dem fragen, was sie zu sagen haben. Aber bitte fühle dich nicht verpflichtet, dich an dem Gespräch zu beteiligen!«
> Bill schaute ein wenig verwirrt drein, weil meine Anweisung seiner Erwartung zu widersprechen schien, dass er verpflichtet sei, mit einem Therapeuten zu sprechen.

Reflexion über diese Sequenz

Ich erkannte, dass die sich wiederholenden Interaktionen zwischen Bill und mir ihn nicht fesselten, und der Vater half mir, indem er eine Erklärung über Bills Entscheidung abgab, nicht mit mir zu sprechen. Darüber hinaus verschaffte mir der Vater den nötigen Moment der Reflexion, der es mir ermöglichte, das sich wiederholende Muster der Interaktion mit Bill voll und ganz zu begreifen. Das veranlasste mich dazu, *etwas anders zu machen*. Ich beschloss, Bills Position der »Gesprächsverweigerung« zu akzeptieren und lud ihn stattdessen ein, als Beobachter dem Gespräch zu folgen, das ich mit seinen Eltern führen würde. Zweitens ahnte ich, dass Bill nicht schweigen würde, wenn er sich die Beschwerden seiner Eltern anhörte, da ich davon ausging, dass er eine zentrale Figur in der Familie war und gerne seine Meinung kundtat.

Dies ist ein Beispiel dafür, dass der Praktiker ein Muster bemerkt und beschließt, die Richtung zu ändern. Dies geschieht regelmäßig in der Praxis und ist nur dann ein Problem, wenn aussichtslose Muster unerkannt bleiben. Kurz gesagt: Als Praktiker müssen wir unsere Reaktionen auf die Reaktionen unserer Klienten ändern, wenn wir merken, dass das Muster zu keinem Ergebnis führen wird. Der schlimmste Fehler besteht darin, dass wir uns selbst und unsere Reaktionen nicht wahrnehmen und stattdessen den Klienten beschuldigen, »unmotiviert und widerständig« zu sein. Dadurch wird das Kind oder der Jugendliche objektiviert und der Anschein erweckt, die alleinige Schuld daran, dass kein produktives Gespräch entsteht, läge beim

Klienten. In diesem Fall gefiel Bill der Gedanke, ein Beobachter zu sein, und schon bald war er sehr daran interessiert, seine Meinung zu sagen! Das war ein Anfang.

Der Therapeut John Weakland, Mitbegründer des »Brief Therapy Institute« in Palo Alto (Fisch, Pferdekamp, Weakland & Segal, 1987), beschrieb einmal in einer persönlichen Mitteilung den Unterschied zwischen *Schwierigkeiten* im Leben und *Problemen* im Leben wie folgt: »Schwierigkeiten sind nur eine Sache nach der anderen […] Probleme sind immer wieder dieselbe verdammte Sache!« An einem bestimmten Punkt im Leben finden wir Lösungen für Probleme, die zu einem späteren Zeitpunkt vielleicht nicht mehr gelten (Watzlawick, Weakland & Fisch, 2019). Was vielleicht einmal eine nützliche Lösung war, funktioniert mitunter nicht mehr, wenn sich die Umstände ändern. Die Aufgabe der Therapeutin besteht darin, Möglichkeiten zu finden, einschränkende Muster zu ändern und psychosoziale Ressourcen im Leben des Kindes aufzuspüren. Dies schließt, wo immer möglich, die wichtigen Personen in ihrem Leben ein. Dabei sollen aber auch die von den Familienmitgliedern vorgetragenen Begründungen dafür gewürdigt werden, »wie die Dinge so gekommen sind, wie sie sind«, also die Erklärungen und Vorstellungen aller Beteiligten über die Ursachen der Probleme, die sie erleben. Das Ziel besteht darin, erstens die Logik der Ansichten einer anderen Person zu verstehen, und zweitens neugierig darauf zu sein, wie diese Ansichten die aktuelle familiäre Interaktion unterstützen. Das hält davon ab, voreilige Schlüsse zu ziehen, und hilft, nach Lücken in der Interaktion zu suchen, die neue, nützlichere Wege aufzeigen könnten.

Um eine Veränderung zu fördern, die für das Kind hilfreich sein und in die richtige Richtung führen könnte, muss die Therapeutin abschätzen, wie groß die Herausforderung sein wird und wie sehr sie unterstützen muss. Wenn sie den Standpunkt eines Familienmitglieds in Frage stellt, ohne zunächst ein Gefühl des Respekts und der

Wertschätzung für dieses zu vermitteln, werden ihre Bemühungen wahrscheinlich auf Widerstand stoßen. Anstelle von einer »frontalen« Kommunikation, die zu nichts führt, sucht sie daher nach Verbindungen, die mögliche neue Wege im Gespräch eröffnen.

Ein sehr unzufriedener und wütender Vater kam mit seinem 14 Jahre alten Sohn zu einer Familiensitzung in meine Klinik und sagte, noch bevor wir uns hingesetzt hatten: »Sie sind mir scheißegal!«, er zeigt auf mich. »Sie sind mir auch scheißegal!«, er zeigt auf meinen Kollegen. »Nur er nicht!«, er zeigt auf seinen jetzt sehr verlegenen Sohn.

In meinen Ohren klangen seine wütenden Worte nicht bedrohlich, aber die Art, wie der Vater sie vortrug, wirkten auf mich seltsam komisch. Ich lächelte innerlich. *Wie* er seine Sorge und Fürsorge für seinen Sohn zum Ausdruck brachte, bewegte mich mehr als seine angelsächsischen Schimpfwörter. Seine Wut war Ausdruck seines hilflosen Wunsches, seinem depressiven Sohn zu helfen. Ich sagte: »Ich stimme zu. Das ist die Hauptsache! Hilfe für Ihren Sohn zu bekommen. Das ist es, was wir versuchen werden«. Der Vater schien sich in seinem Stuhl zu beruhigen. Entscheidend war der Tonfall der Worte des Vaters. Aus ihnen sprach eine Verzweiflung, die mir vermittelte, dass er meinen Kollegen und mich nicht abweisend behandelte, sondern dass es ihm wichtig war, Hilfe zu bekommen. Auf den Tonfall seiner Worte zu achten, machte es leichter, angemessen zu reagieren.

Hätte ich entrüstet reagiert, und etwas gesagt wie: »Es gibt keinen Grund, uns gegenüber unflätig zu sein. Wir sind hier, um zu helfen!«, hätte sich der Vater wohl gemaßregelt gefühlt und seine unausgesprochene Botschaft »Bitte helfen Sie meinem Sohn!« wäre wohl ohne Antwort geblieben. Als Therapeutinnen und Therapeuten fragen wir uns immer wieder, wie wir in das Eröffnungsgespräch mit den Klienten, die wir treffen, einen Unterschied einbringen können.

Und auch wenn manualisierte Protokolle für die Durchführung von Familiensitzungen nützlich sein können (etwa für die Abschätzung von Risiken im Kontext von Kinderschutz), geht es dennoch darum, Antworten auf die oft unerwarteten Worte und Handlungen unserer Klientinnen und Klienten zu improvisieren.

1.2 »Spielerisch ernsthaft« – ein Widerspruch?

Der tragische Tod des jungen Arthur Labinjo-Hughes unterstreicht, wie wichtig es ist, einen therapeutischen, auf das Kind bzw. den Jugendlichen ausgerichteten Dienst anzubieten, der ethische Fragen des Schutzes von Kindern vor Schaden berücksichtigt. Er unterstreicht die Notwendigkeit eines wohlüberlegten Handelns zum Wohle der Kinder, das die Praxis als einen Prozess der Humanisierung für alle Beteiligten betrachtet (Freire, 1996, 1998; Wilson, 2013).

Praxis ist keine technische Anwendung von manualisierten Vorschriften

Theorien und Wissen über Therapie und kindliche Entwicklung, die Kategorisierung psychischer Erkrankungen und die Fülle von Techniken und Methoden können alle eine nützliche Rolle spielen. Aber das verbissene Festhalten an der Gewissheit über die »richtige« Theorie, den »richtigen« Ansatz und die »richtige« Intervention kann zu Problemen und zu beruflicher Überheblichkeit führen und Therapeuten davon abhalten, ihre eigenen Vorurteile in ihrem Handeln kritisch zu reflektieren. Eine *ernsthaft spielerische* Haltung stellt diese Hybris und einseitige Gewissheiten in Frage. Die Therapeutin muss die Fähigkeit haben, Ideen, Theorien und die Anhäufung von Wissen zu respektieren und gleichzeitig offen für Innovation und Improvisation sein.

Spiel und Improvisation
Unsere Fähigkeit, zu improvisieren, wenn wir mit unseren Klientinnen zusammentreffen, ist entscheidend. Es ist der Unterschied zwischen der Fähigkeit, eine Musikpartitur zu lesen (das Äquivalent unserer Theorien und Methoden) und ein Instrument in die Hand zu nehmen, um live zu musizieren (das, was wir mit den Methoden tun, die wir studiert haben). Christopher Heimann (2009), Lehrer für Improvisation an der »Royal Academy of Dramatic Art«, beschreibt die folgenden Fähigkeiten, die ein Improvisationsschauspieler benötigt. Ich glaube, dass diese eine gewisse Resonanz mit den Fähigkeiten haben, die den ernsthaft spielerischen Praktiker in der Praxis ausmachen. Heimann argumentiert, dass die Entwicklung in der Improvisation von uns verlangt, einige unserer normalen Erziehungsprozesse rückgängig zu machen und einige unserer kindlichen Fähigkeiten wiederzuerlangen. Zu diesen Fähigkeiten zählt er: sich ganz auf das einzulassen, was wir tun, neugierig, verletzlich und offen zu sein, sich von den Menschen und Dingen, mit denen wir interagieren, wirklich berühren zu lassen, in der sensorischen Erfahrung präsent zu sein und die Fähigkeit, spontan und intuitiv zu handeln, Erfahrungen zu machen, ohne zu urteilen, und die Fähigkeit, uns selbst und andere zu überraschen. Er fasst diese Fähigkeiten als unsere *Fähigkeit, zu spielen* zusammen (Wilson, 2017).

Das Spiel ist eine wichtige Komponente in der Einstellung des Therapeuten zu seiner Entwicklung. Mit Ideen zu spielen bedeutet, sich zu erlauben, bei jeder Anwendung einer Therapiemethode Dogmen zu vermeiden. Der ernsthaft spielerische Therapeut fragt sich: »Warum liebe ich diese Art zu arbeiten so sehr?« Wir fordern uns selbst heraus, unsere Gewissheiten und Vorurteile in Klammern zu setzen (Cecchin, Lane & Ray, 1994) und zuzulassen, dass alternative Ideen in Betracht gezogen werden. Dieser Prozess trägt dazu bei, dass sich die Hybris der von Experten vorgeprägten Ideen nicht durchsetzt. Um nicht missverstanden zu werden: Ich möchte hier nicht die enorme Bedeutung von Fachwissen kleinreden. Fachwissen sehe ich als ein Handwerk, das immer offen sein sollte für neue Initiativen und für neue Möglichkeiten, die Kreativität in unserer Arbeit lebendig zu halten. Das therapeutische Gespräch ist ein generativer Prozess,[7] der, wenn er in einer auf das Kind ausgerichteten Praxis sensibel gehandhabt wird, zu Veränderungen in den Perspektiven und Reaktionen anderer Personen im Leben des Kindes sowie in dessen eigener Erfahrung führen kann.

Im Beispiel von Bill und seinem Vater bestand meine Herausforderung darin, Bills Entscheidung anzuerkennen, in diesem Moment nicht mit mir zu sprechen. Eine produktive Verbindung mit dem Jungen wurde zumindest zum Teil dadurch möglich, dass seine Erwartung widerlegt wurde, dass es darum ginge, ihn irgendwie zum Reden zu bringen, auch wenn er nicht wollte. Anstatt sein Verhalten als »Widerstand« zu betrachten, entschied ich mich, es als wertvolle Selbstschutzmaßnahme von Bill zu betrachten. Es war vernünftig, einem relativ Fremden keine Erfahrungen mitzuteilen. Einige Klienten entwickeln schnell Vertrauen zu einem Therapeuten, aber bei Kindern, die manchmal gegen ihren Willen dazu gebracht werden, Hilfe zu suchen, ist der Aufbau von Vertrauen ein langsamer, schrittweiser Prozess.

Die Verbindung mit den Klienten ist wie ein Tanz der Intimität, und jeder junge Mensch und jedes Familienmitglied hat sein eigenes Maß für den Grad der emotionalen Verbindung, der sich für sie sicher anfühlt. Wampold (2015) hat herausgefunden, dass Klien-

---

7 Wir versuchen, Formen des Dialogs zu entwickeln, um »Risse in den selbstverständlichen Realitäten der Streitenden zu lokalisieren […], die es den Teilnehmern ermöglichen, einen neuen und vielversprechenden Bereich gemeinsamer Bedeutung zu schaffen […], wobei der Schwerpunkt auf dem Prozess der relationalen Koordination liegt« (Gergen, 2009, S. 193).

ten sich recht schnell entscheiden, ob sie einem Therapeuten vertrauen können, so dass sich beim ersten Treffen Gemeinsamkeiten und Unterschiede begegnen. Im Fall von Bill begann der Tanz der Intimität damit, dass ich seinen Wunsch, nichts beizutragen, akzeptiert habe.

> Randbemerkung: Ich habe viele Jahre in Südwales mit Familien aus den »Valleys«, den eng verflochtenen Bergbaugemeinden der Arbeiterklasse, gearbeitet. Ich bin Schotte und wuchs in einer Arbeitersiedlung in Glasgow auf. Ich lernte, dass ein Indikator dafür, ob meine Klienten mir genügend Vertrauen schenkten, darin bestand, dass sich ein Familienmitglied nach meiner schottischen Herkunft erkundigte. Gelegentlich kam dann die Frage: »Wissen Sie, an wen Sie mich erinnern? An Billy Connolly!« Billy Connolly ist ein international bekannter schottischer Komiker, der aus meiner Heimatstadt stammt und dessen Akzent dem meinen ähnlich ist. Jedes Mal, wenn ich diesen Vergleich hörte, fühlte ich mich sicher, dass die Familie ein gewisses Vertrauen in mich gesetzt hatte. Es war eine kulturelle Verbindung, eine Klassenverbindung und beruhte auch auf unseren unterschiedlichen Erfahrungen mit der schottischen, walisischen und keltischen Geschichte.

Wir nehmen Ähnlichkeiten und Unterschiede in unseren Begegnungen mit anderen wahr und reagieren entsprechend. Manchmal haben auch zufällige Elemente einen Einfluss darauf, ob eine Familie oder ein Kind einem Therapeuten genügend Vertrauen entgegenbringt. Es bedarf einer gewissen Vielseitigkeit, um die Schritte zu finden, die am ehesten eine Verbindung herstellen. Wir sind immer aufgefordert, zu improvisieren.

In den folgenden Kapiteln wird mehr über die komplizierten Indikatoren gesagt, die beim Aufbau einer Verbindung zu den Kindern und Jugendlichen eine Rolle spielen. An dieser Stelle ist es wichtig zu betonen, dass jegliche therapeutische Praxis eine multisensorische Beziehungsarbeit mit den Klienten ist. Wir nutzen Gedanken, Gefühle, Beobachtungen, Gerüche, Berührungen und Geräusche, um zu erfahren, wie wir weiter vorgehen können.

In detaillierten Fallbeispielen, die im vierten Kapitel folgen, werden diese Kerngedanken vertieft. Im nächsten Kapitel skizziere ich zunächst einige Schritte, die dabei helfen, produktive Kooperationsgespräche mit Kindern und Jugendlichen zu entwickeln. Ich gebe Tipps, die Praktikern und Praktikerinnen dabei helfen sollen, sich auf die Begegnung mit Kindern in Einzel- und Familiensitzungen vorzubereiten. Sie sind aus Fragen zusammengestellt, die mir bei meinen Workshops zu diesem Thema oft gestellt werden.

Die systemische Beratung

2 Begegnung mit Kindern: Schritte auf dem Weg zu einer ko-kreativen Praxis

»*Veränderung basiert auf gelebter Erfahrung. Allein das Verstehen, Erklären oder Erzählen von etwas reicht nicht aus, um eine Veränderung herbeizuführen [...] Ein Ereignis muss gelebt werden, mit Gefühlen und Handlungen, die in Echtzeit, in der realen Welt, mit realen Menschen in einem Moment der Gegenwärtigkeit stattfinden*« (Stern, 2005, S. xiii)

In diesem Kapitel stelle ich eine Reihe von Schritten vor, die ich als nützlich empfunden habe, als ich anfing, Kindern allein oder in Familiensitzungen zu begegnen. Die Schritte sind nicht exklusiv für in Familientherapie ausgebildete Personen, es sind Ideen und Techniken, die in vielen beruflichen Kontexten und Disziplinen Anwendung finden. Bitte, liebe Leserin, lieber Leser, entscheiden Sie selbst, aus diesen Anregungen das zu übernehmen, was zu Ihrem Arbeitsstil passt.

Systemische Praxis ist eine Suche nach Verbindungen, die neue Möglichkeiten zur Überwindung der Probleme des Kindes oder der Familie fördern. Sie ist keine Schablone, die den Menschen sagt, was sie zu tun haben (es sei denn, sie fänden dies hilfreich). Sie zielt darauf ab, gemeinsam nach neuen Möglichkeiten zu suchen. Bei der Anwendung dieses Prinzips auf dieses Buch geht es mir daher darum, mit Ihnen ins Gespräch zu kommen, anstatt Ihnen vorzuschreiben, was Sie zu tun haben.

Die Schritte sind auch nicht als lineare Abfolge gedacht; tatsächlich ist jeder Schritt, den wir in der Therapie machen, eher wie ein Tanz, der auf die Schritte der Familienmitglieder beim Versuch, sich ihnen anzuschließen, reagiert. Um der Klarheit willen habe ich sie nacheinander aufgezählt. Die Schritte weisen auf Bedingungen hin, die uns helfen, das Beste aus unseren Anfängen in Begegnungen mit Kindern zu machen, die sich in Schwierigkeiten befinden. Wie alle allgemeinen Tipps müssen sie für jede einzelne Begegnung angepasst werden.

2.1 Schritt 1: Lernen Sie, die Welt aus anderen Perspektiven zu sehen

Der Begriff »Dezentrierung« wurde von Margaret Donaldson, Professorin für Entwicklungspsychologie in Edinburgh, geprägt. Er beschreibt unsere Fähigkeit, unsere tendenziell egozentrische Perspektive anderen gegenüber, zu überwinden. »Egozentrisch« zu sein bedeutet für sie, »die Welt von der eigenen Position aus zu betrachten, buchstäblich oder metaphorisch, und nicht zu erkennen, wie dieselbe Welt von einem anderen Standpunkt aus gesehen erscheinen würde – oder welche Bedeutung dieselben Worte hätten, wenn sie von einem anderen Gehirn mit einem anderen Vorwissen und anderen Erfahrungen gehört und interpretiert würden« (Donaldson, 1978, S. 18).

Für den systemischen Therapeuten bedeutet die Fähigkeit zur Dezentrierung, sich vorzustellen, wie jedes Kind oder Familienmitglied den Besuch einer Therapie sieht. So empfinden manche Kinder die Anwesenheit einer Sozialarbeiterin in ihrem Leben als Stigma oder befürchten, dass sie ihren Eltern weggenommen und in Pflegefamilien untergebracht werden. Manche Klienten eines psychologischen oder psychiatrischen Dienstes haben vielleicht die Befürchtung, dass die Therapeutin ihre Gedanken lesen könne. Dezentrierung hilft, eine Orientierung für die Praxis zu schaffen, die die Interaktion humanisiert. Handbücher sind zwar nützlich, um eine Struktur für die therapeutische Praxis zu schaffen, doch sollten die Handbücher immer HUMANisiert werden, um sicherzustellen, dass die jeweilige Fachperson eine persönliche Verbindung zum Kind herstellt und der Versuchung widersteht, das Gespräch auf eine Diskussion über die Diagnose oder die Probleme des Kindes zu reduzieren.

Randbemerkung: Eine Kollegin stellte mir in einer Klinik einen »Fall« zur Diskussion vor, in dem sie verschiedene mögliche Diagnosen eines zehnjährigen Jungen auf der Grundlage früherer Berichte, die sie gesammelt hatte, detailliert beschrieb. Sie hatte den Jungen einmal getroffen und wollte wissen, was sie als nächstes tun sollte. Sie schilderte rasch die Verhaltensprobleme des Kindes, seine früheren Kontakte mit dem kinderpsychiatrischen Dienst und die verschiedenen Diagnosen, die höchstwahrscheinlich auf sein Profil passen würden. Ihrer Meinung nach weise das Verhalten des Kindes auf ADHS (Aufmerksamkeitsdefizit-/Hyperaktivitätsstörung), ASD (Autismus-Spektrum-Störung) und Anzeichen einer Zwangsstörung (OCD = Obsessive Compulsive Disorder) hin. All diese Abkürzungen für psychiatrische Störungen gingen der Kollegin leicht über die Zunge, während sie auf die Frage nach dem Namen des Kindes auf ihre Notizen zurückgreifen musste. Wenn man nur mit einem mikroskopischen Blick auf Verhaltensweisen schaut, die in psychiatrische Kategorien passen könnten, übersieht man die größere Landschaft des Lebens. Für einige Kinder mag die Diagnose ADHS hilfreich sein, aber sie ist nicht das ganze Bild und trägt nicht dazu bei, das Leben eines Kindes in den Mittelpunkt zu rücken. Indem sie sich nur auf die Diagnose konzentrierte, reduzierte sie die Komplexität der Erzählung über das Kind und schränkte ihr Blickfeld auf Hilfsmöglichkeiten und Ressourcen ein. Wenn die Zeit knapp ist und die Therapeutinnen und Therapeuten in einem Strudel von Aktivitäten gefangen sind, kann die Sprache der Objektivierung durchaus noch lauter werden.

2.2 Schritt 2: Seien Sie vorbereitet

Eine gute Vorbereitung macht es leichter, offen und bereit zu sein, auf ein Kind zu reagieren, wenn es einem begegnet. Sie beinhaltet ein »gewisses Maß an spontaner Reaktionsfähigkeit« (John Shotter, persönliche Mitteilung), die sich mehr auf den gegenwärtigen Moment einer Sitzung bezieht als auf die Befolgung einer vorgeschriebenen Reihe von Handlungen und Schritten, die wir im Voraus festgelegt haben. In der Praxis sind Vorbereitung und Planung komplementäre Komponenten, wenn es darum geht, sich auf eine Sitzung einzustellen. Der wichtigste Unterschied besteht darin, zu erkennen, wann wir uns in der einen oder anderen Position befinden. Hier sind einige Anregungen, die ich als hilfreich empfunden habe, um über meine Reaktionen auf meine Klienten nachzudenken und die Dezentrierung bei der Vorbereitung auf die Begegnung mit Kindern und Familien im Auge zu behalten.

Ich empfinde ich es als äußerst nützlich, vor einer Sitzung, wenn möglich, fünf oder zehn Minuten damit zu verbringen, mich auf die Eindrücke zu konzentrieren, die ich in meinen vorherigen Sitzungen mit einem Kind gewonnen habe. Ich überprüfe meine eigenen Gefühle in Bezug auf die kommende Sitzung:
– Bin ich (mehr als sonst) gelangweilt/erwartungsvoll/ängstlich/neugierig auf das, was mich erwartet? Warum treten diese Gefühle wohl gerade jetzt vor der Sitzung in mir auf? Was sagt mir das über meine Beziehung zum Kind?

- Welche Themen wurden in der vorangegangenen Sitzung angesprochen und haben neue Möglichkeiten eröffnet?
- Bei welchen Themen wurden keine kreativen Möglichkeiten entwickelt?
- Was waren die Dinge, die dem Kind möglicherweise wichtig erschienen, die ich aber nicht angesprochen habe?
- Was denke ich, was das Kind/die Familie in der kommenden Sitzung von mir wünschen wird?
- Haben Familienmitglieder Tabus benannt? Was macht es schwierig, über diese Themen zu sprechen?

Diese und ähnliche Fragen der Reflexion helfen mir, ein Gespür für die kommende Sitzung zu entwickeln, ohne dass ich Gefahr laufe, einen genauen Ablauf vorgeben zu wollen. Die Fähigkeit zur Dezentrierung hilft uns, zu antizipieren, wie wir am besten eine produktive Verbindung zu unseren Klientinnen herstellen können – so als ob wir die Welt durch ihre Augen sehen würden.

Im Gegensatz dazu kann es notwendig sein, ein bestimmtes Vorgehen zu planen, etwa wenn die Aufgabe darin besteht, den Grad der Gefährdung eines Kindes zu überprüfen. Doch selbst bei solchen eindeutig vom Interviewer geleiteten Verfahren ist es für Therapeuten wichtig, mit einer zu strikten Befolgung eines Verfahrens vorsichtig zu sein, damit nicht die Verbindung zum Kind verloren geht. Wenn wir zu sehr die Führung übernehmen, könnten sich unsere jungen Klienten zurückziehen.

Wenn Therapeuten beispielsweise zu sehr bestrebt sind, einem vorgegebenen Plan zu folgen, besteht die Tendenz, die Sitzung so zu strukturieren, dass die Klienten sich nur als passive Antwortgeber auf die Fragen fühlen, anstatt eine menschliche Verbindung zu erfahren. Kinder und Familienmitglieder fühlen sich dann objektiviert und nicht als in einen konstruktiven Dialog einbezogen. Wenn etwa ein Aktionsplan für eine Sitzung dazu führt, dass ein Kind oder eine Familie nicht mitmachen will, besteht die Gefahr, dass der Plan trotz der Abneigung des Klienten oder der Klientin gegenüber dem Therapeuten stur weiterverfolgt wird. Dieser Schwierigkeit lässt sich entgegenwirken, indem zu Beginn der Sitzung alle Teilnehmenden gemeinsam überlegen, wozu das Gespräch dient und was hier passieren sollte. Diese Änderung des Schwerpunkts hilft auch, dass man nicht schon am Anfang über all das redet, was falsch oder problematisch ist, bevor ein ausreichend sicherer Kontext für die Sitzung geschaffen wurde.

Mögliche Fragen zum Beginn des Gesprächs
- Fragen Sie die Beteiligten, wie sie es finden, an einer Sitzung teilzunehmen, z. B.: »Ich hoffe, dass ich den Standpunkt jeder Person verstehen kann, damit ich Ihnen und Ihrer Familie von Nutzen sein kann« oder »Ich hoffe, dass ich mir ein Bild von Ihnen, Ihrer Familie und dem was Sie beschäftigt, machen kann, so dass ich für Sie nützlich sein kann. Normalerweise haben die Menschen unterschiedliche Standpunkte, und ich hoffe, den Worten jedes Einzelnen Aufmerksamkeit schenken zu können«.
- Erkundigen Sie sich nach den Wünschen jeder Person für einen unterstützenden und erfolgreichen Ausgang des Treffens.
- Wenn Sie bemerken, dass eine Person der Sitzung mit Abneigung begegnet, bringen Sie ihr respektvolle Aufmerksamkeit und Bestätigung entgegen, z. B.: »Viele Kinder, die ich getroffen habe, sind erst einmal etwas nervös/unsicher/besorgt, wenn sie jemanden treffen, den sie nicht kennen. Das ist sehr verständlich. Ich habe nur zwei Regeln für Treffen. Die erste ist, dass niemand über etwas sprechen sollte, das er oder sie nicht besprechen möchte, die zweite: Wenn ich eine Frage stelle oder etwas sage, das zu schwierig zu beantworten ist, sag es mir bitte.«

- Erläutern Sie Ihre Beweggründe für das Treffen mit dem Kind/der Familie, z. B.: »Ich würde gerne von allen hören, warum sie gekommen sind, damit ich die Meinungen der einzelnen Personen besser einschätzen kann. Das hilft mir, ein umfassenderes Bild zu bekommen, damit wir Ihnen von Nutzen sein können.« Oder: »Indem wir uns mit Ihnen als Familie treffen, hoffe ich, dass wir unsere Köpfe zusammenstecken werden, um herauszufinden, wie wir helfen können.« Die Therapeutin achtet auch darauf, wer die Erlaubnis zum Sprechen gibt, wer schweigt, wer ängstlich wirkt. Mit jeder anwesenden Person in Verbindung zu treten, bedeutet eine Form der Sitzungsleitung, die darauf achtet, wie die einzelnen Personen miteinander und mit dem Therapeuten umgehen.

Machen Sie sich bewusst, wie Sie zuhören
Es gibt zwei grundlegende Arten des Zuhörens: Zuhören, um zu sprechen, und Sprechen, um zuzuhören (Hoffman, 1995, S. 247). Die Unterscheidung zwischen diesen beiden Modi kann uns dabei helfen, klarer zu erkennen, wie wir uns entscheiden, auf die Ebbe und Flut des Gesprächs zu reagieren. Wenn ich das Gespräch mit meinen Klienten aus zu großer Entfernung führe, kann ich das Zögern oder den Widerwillen des jungen Menschen, meiner Führung zu folgen, nicht berücksichtigen. Derjenige, der spricht, um zuzuhören, sagt in der Tat: »Nach dir!« Wenn wir einer anderen Person schweigend zuhören, können wir leichter »in den Rhythmus der Gedanken des Sprechers eintreten und diesen Rhythmus als Sprache erleben« (Freire, 1998, S. 104).

Trauen Sie sich, mit dem Kind zu arbeiten
Wenn Sie ängstlich oder unsicher sind, direkt mit Kindern zu arbeiten, lassen Sie sich nicht dazu verleiten, Formulierungen zu verwen-

den, die eine »bequeme« Begründung liefern, um ein Treffen mit einem Kind zu vermeiden!

In der langjährigen Ausbildung von Familientherapeuten und -therapeutinnen ist es zunehmend notwendig geworden, den Auszubildenden zu helfen, sich nicht in verschiedene Formulierungen über familiäre Dysfunktion zu »verlieben«, die Kinder von der Teilnahme an Sitzungen ausschließen würden. So werden in der strukturellen Familientherapie die Probleme eines Kindes oft als Indikator für ein umfassenderes, schwerwiegenderes elterliches bzw. eheliches oder anderes strukturelles Problem angesehen (siehe Minuchin, 1997; Minuchin & Fishman, 1983; Minuchin, Reiter & Borda, 2013). Solche strukturellen Hypothesen können durchaus nützlich sein, um die Schwierigkeiten eines Kindes in diesem größeren Kontext zu verstehen. Doch Therapeuten, die sich im Umgang mit Kindern unsicher fühlen, könnten solche Formulierungen als Begründung dafür nehmen, das Kind nicht direkt zu treffen. Das Hauptproblem ist hier aber nicht die Formulierung, sondern die Abneigung des Therapeuten, sich mit Kindern zu treffen. Diese können in Sitzungen chaotisch sein und sich nicht so verhalten, wie es den Praxisprotokollen entspricht. Sie können das Gespräch stören und in einer Familiensitzung nach ihren eigenen Regeln spielen (Grabbe, 2001). Anstatt neue Wege zur Entwicklung von Fähigkeiten in ihrer Praxis zu erforschen, entscheiden sich manche Therapeutinnen und Therapeuten deshalb dafür, nicht mit dem Kind zu arbeiten, weil sie sich davon überfordert fühlen, eine Verbindung zu ihm herzustellen. Wenn das Kind jedoch nicht anwesend ist und das gesamte Gespräch zwischen Erwachsenen abläuft, wird es eher zu einem Studienobjekt als zu einem Teilnehmer am therapeutischen Prozess. Und auch wenn Kinder die Teilnahme verweigern, ist es möglich, sie im Auge zu behalten, wenn der Fokus auf das Kind im Kontext beibehalten wird (siehe viertes Kapitel).

Reflektieren Sie Ihre eigenen Bilder über Kinder und Kindheit
Wir müssen uns nicht nur auf die Begegnung mit einem Kind oder einer Familie vorbereiten, sondern auch unsere Wertvorstellungen, unsere Vorurteile gegenüber Kindern und der Kindheit prüfen. Diese können das, was wir für die richtige Art der Kindererziehung halten, stark beeinflussen. Unsere Schichtzugehörigkeit, unser Geschlecht, unser Alter und unsere ethnische Herkunft prägen den Kontext der Praxis und beeinflussen, wie wir aufeinander reagieren. Was unsere Klienten sehen, wenn sie uns anschauen, wird ebenfalls von diesen kulturellen, ethnischen und klassenbedingten Perspektiven beeinflusst.

Wir alle haben Vorurteile. Dabei handelt es sich um Werte, an denen wir festhalten oder um bevorzugte Glaubenssätze, die unseren Umgang mit Kindern beeinflussen und prägen. Eine Reflexion unserer Vorurteile hilft uns, diese Werte zu überdenken. Denn manchmal verleiten sie uns dazu, uns über die therapeutischen Ziele und deren Erreichung zu sicher zu sein (ausführlich hierzu Cecchin et al., 1994). Es ist wichtig, unsere vorgefertigten Meinungen zu erforschen, nicht weil sie »pathologisch« wären, sondern um uns mit Ansichten auseinanderzusetzen, die hilfreiche Verbindungen zu Kindern einschränken können.

Einige Therapeuten vertreten beispielsweise die Ansicht, dass Kinder immer Opfer der Umstände sind, und übersehen, dass das Kind selbst zu negativen oder schädlichen Verhaltensweisen beiträgt. Kinder sind weder Heilige noch Dämonen, so dass die Therapeutin prüfen muss, ob sie sich von einem dieser Stereotype hat verführen lassen. Die Erörterung der eigenen Gefühle und Reaktionen in der Supervision kann helfen, die Reaktionen auf ein Kind neu zu bewerten: Wenn meine Perspektive oder meine Gefühle mir nicht helfen, in meiner Arbeit Fortschritte zu machen, liegt es an mir, die Richtung zu ändern und meine Haltung gegenüber meinen Klientinnen zu überdenken.

Randbemerkung: Kürzlich kam eine Therapeutin zu mir in die Supervision und erwähnte, dass sie sich so sehr um ein Kind in ihrer Praxis sorgte, dass sie von ihm träumte. Als wir ihre Besorgnis hinterfragten, stellte sich heraus, dass die Therapeutin zu der Überzeugung gelangt war, dass sie die einzige Person sei, der sich das Kind anvertrauen würde. Sie war zu seiner »Retterin« geworden, zum Teil durch ihre tiefe Sorge um sein Wohlergehen, aber auch, weil sie es versäumt hatte, mit anderen wichtigen Personen im Leben des Kindes oder einem professionellen Unterstützungsnetzwerk in Verbindung zu treten. In diesem Fall war die Supervision nützlich, um das Gespräch auf andere potenzielle Ressourcen im beruflichen Netzwerk auszudehnen. Dies half ihr, sich als Teil einer größeren Ressource für das Kind neu zu positionieren.

Seien Sie im Falle von Sackgassen offen für einen Therapeutenwechsel

Wenn Kinder und Jugendliche zu mir kommen, bin ich in der Regel neugierig und versuche, eine Verbindung zu ihrem Leben herzustellen, die zeigt, dass ich sie zu schätzen weiß. Wenn mir das nicht gelingt, frage ich mich, warum ich keine Verbindung zu diesem jungen Menschen herstellen kann. Manchmal ist das therapeutische Bündnis noch nicht vollständig hergestellt. Der Klient bzw. die Klientin ist vielleicht misstrauisch mir gegenüber oder mag mich einfach nicht sehen, oder ich schaffe es nicht, mich neugierig auf ihn oder sie einzulassen. Dieser Reaktion muss in der Supervision nachgegangen werden, und wenn trotz unserer Versuche eine Sackgasse entsteht, ist es vielleicht besser, die Jugendliche bzw. den Jugendlichen an eine andere Fachkraft zu vermitteln. Kein Therapeut ist unfehlbar oder kann mit jedem Kind, das er bzw. sie sieht, kreativ umgehen. Wenn diese Sackgasse in der Praxis auftritt, ist es wichtig, sie anzusprechen, da es sinnlos ist, unproduktive Sitzungen mit einem jungen Menschen zu verlängern. Der Berufsstolz sollte Therapeuten nicht davon abhalten, bei Misserfolgen einen Schlussstrich zu ziehen (Coleman, 1985).

Glücklicherweise kommt dies nicht häufig vor. Aber es ist ein Zeichen professioneller Verantwortung, zu wissen, wann man mit einem jungen Menschen die Gründe für einen möglichen Therapeutenwechsel besprechen sollte. Dabei ist es wichtig, ihm keine Schuld zu geben oder ihn in dem Glauben zu lassen, er sei ein fast unbehandelbarer Fall. Vielmehr ist es am besten, anzuerkennen, dass ein neuer Ansatz ein guter nächster Schritt sein könnte, und dass der Therapeut einfühlsam die eigene mangelnde Fähigkeit anspricht, dem Klienten zu helfen, Fortschritte zu machen. Er kann auf Beziehungsaspekte hinweisen, sollte aber nicht den Eindruck erwecken, dass der Klient die Ursache der Veränderung ist.

So könnte man z. B. sagen: »Wir haben verschiedene Wege ausprobiert, um dir bei deinen Sorgen zu helfen, aber ich glaube nicht, dass ich viel dazu beitrage. Ich glaube, wir drehen uns im Kreis, und wenn das passiert, dann liegt das meist daran, dass ich dir keine große Hilfe sein kann. Ich habe die Erfahrung gemacht, dass es in so einem Fall hilfreicher ist, darüber nachzudenken, ob ein anderer Therapeut im Moment besser für dich wäre … Was meinst du/meinen Sie dazu?« Durch diese Formulierung wird der Klient als Mitwirkender einbezogen und kann gemeinsam mit dem Therapeuten erkunden, warum die Therapiesitzungen unproduktiv verlaufen sind. Manchmal kann dies sogar zu neuen Impulsen in der Praxis führen und die Sackgasse auflösen.

Vertrauen Sie auf die innere Verbundenheit und
bewahren Sie sich realistische Hoffnung

Wenn ich mit depressiven und suizidgefährdeten jungen Menschen zusammengearbeitet habe, fühlte ich mich sicherer, wenn das Vertrauen und das gemeinsame Verständnis ihrer Not mit dem Bewusstsein einhergingen, dass es wieder bessere Tage geben könnte. Auch die weiteren Komponenten der Praxis sind hier von entscheidender Bedeutung: Risikoeinschätzungen, Kontakte zu Fachleuten, zur Schule des Kindes, zu Familienmitgliedern und anderen wichtigen Personen in seinem Leben. Der Kontakt zu allen relevanten Lebensbereichen des Kindes trägt dazu bei, ein sichereres Umfeld für meine Praxis zu schaffen.

Es schafft ein Gefühl der Sicherheit in der Praxis, wenn beide Seiten wertschätzen, dass der Therapeut die junge Person zwischen den Sitzungen im Auge behält. Denn wenn ein Jugendlicher dem Therapeuten vertraut und sicher sein kann, dass dieser ihn im Hinterkopf behält, kann er dies vermutlich spüren. Wenn der Geist tatsächlich ein soziales Beziehungsphänomen ist, dann sind der Klient und der Therapeut in ihrer therapeutischen Beziehung gegenseitig »sozial gesinnt«. Es handelt sich um eine Zirkularität, die es wert ist, als wichtige Dimension in der Praxis in Betracht gezogen zu werden. Es geht nicht darum, dass der Therapeut übermäßig viel über den Jugendlichen nachdenkt, sondern darum, dass Gefühle der Fürsorge über die Sitzungen hinaus vorhanden sind. Gegenseitiges Vertrauen, gemeinsame Geistesgegenwart und die Fähigkeit zur Dezentrierung sind Merkmale, die dazu beitragen, Ko-Kreativität zwischen Therapeut und Klient zu erzeugen.

2.3 Schritt 3: Führen Sie den Prozess

Einige Regeln für den Einstieg

Wie bereits erwähnt, ist es wichtig, dass die Familienmitglieder wissen, dass Sie die Meinung jedes Einzelnen einholen werden, aber dass niemand über Dinge sprechen muss, die er nicht besprechen möchte. Dies hilft dabei, Eltern zuvorzukommen, die erwarten, dass die Therapeutin ihr Kind »auf magische Weise« dazu bringt, über Dinge zu sprechen, die sie selbst nicht angesprochen haben. Ebenso ist es eine Erleichterung für das Kind, dass die Therapeutin allparteilich ist und nicht nur auf der Seite der Eltern steht. Die Regel gilt für alle, und obwohl die Formulierung je nach Kontext variiert, sollte sie in etwa so lauten: »Ihr solltet nur über Dinge sprechen, bei denen ihr euch sicher genug fühlt, um darüber zu sprechen ... Für uns alle gilt das Gleiche. Wir müssen das Gefühl haben, dass es in Ordnung ist, über Dinge zu sprechen, die uns wichtig sind«.

Manchmal flüstern die Eltern dem Therapeuten zu, als ob das Kind nicht hören könnte, was gesagt wird. Oder manchmal wird das Kind zum Objekt des Gesprächs und nicht zum Teilnehmer. An diesen Stellen sollte die Therapeutin Wege finden, um das Flüstern oder die Objektivierung direkt anzusprechen. Zum Beispiel: »Ich vermute, Sie wollen Ihr Kind mit dem Flüstern schützen oder vielleicht auf eine zu schmerzhafte Angelegenheit hinweisen, oder? Gibt es eine andere Möglichkeit, das zu hören, was Sie nicht offen sagen wollen?« Wenn sich Kinder im Gespräch als Objekt fühlen, versuche ich, einen Weg zu finden, dieses Muster direkt zu hinterfragen und vielleicht den Wunsch zu bekräftigen, mit jeder anwesenden Person in Kontakt zu sein. Es ist ein wichtiger Teil der Auseinandersetzung, dafür zu sorgen, dass ein Kind nicht zum Objekt von Beschwerden und Negativität wird, und es ist nicht einfach, dies zu erreichen, ohne die Eltern vor den Kopf zu stoßen.

Hilfreich ist es auch, die Gründe für das Treffen mit einer Familie einfach zu benennen. Oft hilft es, zu einer Grundregel zurückzukehren und die Worte der Besorgnis in den bereits erwähnten Worten der Beschwerde zu hören. Wenn Sie einen Elternteil, der über das Verhalten seines Kindes besorgt und wütend ist, abweisen, besteht die Gefahr, dass sich der Elternteil vom Therapeuten distanziert. Hier ist es wichtig, sich mit dem Wunsch der Eltern zu verbinden, Wege zur Problemlösung zu finden und ihr Ziel, die Beziehung zu ihrem Kind zu verbessern, zu unterstützen. Wenn der Akzent auf die Besorgnis, die Liebe und Sorge um das Kind gelegt wird, wenn also der emotionale Kontext einer Beschwerde oder Klage angesprochen wird, kann es möglich werden, das Gespräch in einem positiveren Rahmen zu verankern – selbst wenn sehr schmerzhafte Dinge zur Sprache kommen.

Es ist zugleich wichtig, den Kindern in einer altersgerechten Sprache zu erklären, was Ihre Aufgabe ist und wie Sie arbeiten. Allzu oft werden kleine Kinder zu einem Therapeuten gebracht, ohne dass sie vorher wissen, warum sie zu ihm kommen. Es ist hilfreich, in der Eröffnungssitzung mit einer Familie eine Atmosphäre der Beteiligung zu schaffen, die den Wunsch des Therapeuten unterstreicht, den Standpunkt jedes Einzelnen zu würdigen und Meinungsverschiedenheiten willkommen zu heißen.

Mitunter erweist es sich auch als hilfreich, die Erwachsenen und die Geschwister einzuladen, ihre Meinung über die Anwesenheit von Kindern in Familiensitzungen zu äußern. Um eine Verbindung mit dem Kind und seinen Eltern herzustellen, lassen sich die Ansichten aller Anwesenden erfragen, etwa so:
- Was erwarten Sie von den Beiträgen Ihres Kindes in unserem Gespräch? (Dies kann eine Diskussion über Autorität/Etikette/erwartete Verhaltensweisen in der Familie beinhalten)
- Was halten Sie davon, weitere Kinder aus Ihrer Familie zu unseren Sitzungen einzuladen?
- Ist es möglich, den Standpunkt Ihres Kindes anzuhören, ohne das Gefühl zu haben, sich verteidigen zu müssen?
- Wie können wir alle zur Teilnahme einladen, damit sie sich sicher genug fühlen, um an unserer Sitzung teilzunehmen?
- Was halten Sie davon, zur Therapie zu gehen (einschließlich der Meinung über die Fachkraft, die die Familie/das Kind überwie-

sen hat), zum Beispiel: »Was halten Sie von der Empfehlung der Ärztin (des Lehrers, des Jugendamtes), dass ein Besuch bei mir für Ihr Kind von Nutzen sein könnte?«

Dies sind Beispielfragen, die dem Therapeuten ein Gefühl dafür vermitteln sollen, wie er versuchen kann, in den Sitzungen zwischen Kindern und ihren Betreuern bzw. Familien einen ausreichend sicheren Kontext zu schaffen. Wenn geklärt ist, *wie* man sich trifft und den Prozess des Miteinanders in einer Sitzung anspricht, sind Menschen eher in der Lage, ihre Sorgen und Schwachstellen anzusprechen.

Wenn Zusammenarbeit unmöglich ist

In dem seltenen Fall, dass es trotz aller Bemühungen, einen ausreichend sicheren Rahmen zu schaffen, zu beleidigenden Auseinandersetzungen kommt, muss sich die Therapeutin auch die Erlaubnis geben, eine Sitzung zu beenden. Herrscht ein Gefühl der Unsicherheit vor oder droht den Teilnehmenden Gefahr, ist dies eine ethische Entscheidung. Sie beruht auf dem Grundsatz, dass eine Therapie, wie jede andere Interaktion auch, die Beteiligten nicht entmenschlichen sollte. Manchmal sind die Familienmitglieder trotz klarer Grundregeln nicht mit der Idee einverstanden, dass jede Person eingeladen werden sollte, ihren Beitrag zu leisten. Beispielsweise, wenn jemand so sehr in seiner Angst oder Unsicherheit gefangen ist, dass er nicht bereit ist, sich anzuhören, was andere Verwandte zu sagen haben. Dies ist vor allem der Fall, wenn es ein hohes Maß an Meinungsverschiedenheiten und Spannungen zwischen den Teilnehmenden gibt. In diesem Fall kann es der Therapeutin nicht gelingen, eine Sitzung zu leiten, ohne dass es zu Reibereien zwischen den Familienmitgliedern kommt, die unter Umständen in heftige Auseinandersetzungen ausarten. Wenn dies passiert, und keine Mittel zur Verfügung stehen, um den Konflikt einzudämmen, besteht eine Möglichkeit darin, die

Sitzung vorübergehend zu unterbrechen. Therapie kann konstruktiven Streit tolerieren, aber wenn der Kontext nicht unter Kontrolle ist, ist keine konstruktive Praxis möglich. Dies ist eine Gelegenheit, innezuhalten und neu zu strukturieren, wie man am besten vorgeht.

2.4 Little Arthur revisited: eine denkbare Alternative

Stellen wir uns für einen Moment vor, wir würden Arthur zu Hause wiedersehen, zu dem Zeitpunkt, als sein Vater sagt, die Verletzungen seines Sohnes seien auf »ungestümes Spielen« zurückzuführen. Nehmen wir an, dass die Atmosphäre sowohl für Arthur als auch für die zuständige Sozialarbeiterin einschüchternd ist. Nehmen wir weiter an, dass Arthur ängstlich aussieht und zu seinem Vater blickt, als er ihn sagen hört, dass Arthurs Verletzungen durch zu ungestümes Spielen verursacht worden seien. Die Sozialarbeiterin bemerkt die Wachsamkeit des Kindes und fragt den Vater, ob sie ein paar Minuten mit Arthur allein sprechen könne. Der Vater willigt widerwillig ein, den Raum zu verlassen, schaut aber auf dem Weg nach draußen zu seinem Sohn hinüber, als wolle er sagen: »Denk daran, was ich dir gesagt habe! Dass du weggebracht wirst, wenn du erzählst, was wirklich passiert ist!« In diesem Szenario wäre es wahrscheinlich, dass Arthur nicht über seine Verletzungen sprechen würde. Doch die niedergeschlagene und ängstliche Reaktion des Kindes auf die Fragen würde noch deutlicher machen, dass seine Verletzungen weiterer medizinischer Behandlung bedürfen und er weiterhin gefährdet wäre, wenn keine Maßnahmen ergriffen würden. Wenn der Verdacht besteht, dass die Verletzungen nicht unfallbedingt sind, ergreifen die Sozialarbeiter Maßnahmen, um die Verletzungen von einer Ärztin untersuchen zu lassen, was in Arthurs Fall sofort geschehen würde.

Diese Illustration hebt den Unterschied zwischen einem Untersuchungskontext und einem eher kooperativen therapeutischen Setting für die Praxis hervor. Therapeuten und Sozialarbeiterinnen verfangen sich manchmal, wenn sie diese Unterscheidung nicht vornehmen. Entweder glauben sie, dass eine therapeutische Allianz vorhanden sei, auch wenn dies gar nicht der Fall ist. Oder sie untersuchen und beurteilen eine Familie, obwohl es sinnvoller wäre, eine kooperative Beziehung aufzubauen. Es ist wichtig zu wissen, welchen Bereich der Praxis wir betreten – soziale Kontrolle oder Therapie (McCarthy, Byrne & O'Reilly, 1981; Cecchin, 1988), dies zu vermischen, kann zu Paradoxien führen. In Arthurs Fall bestand eigentlich die unmittelbare Notwendigkeit, sich nicht länger mit den Entschuldigungen des Vaters für die Verletzungen seines Sohnes zu befassen, sondern einseitig und entschieden im Interesse des Kindes zu handeln.

Normalerweise wird diese Aufgabe nicht von einer einzelnen Person übernommen, wie in diesem imaginären Beispiel. Die Unterstützung von Sozialarbeiterinnen und Sozialarbeitern ist bei solchen hochgradig belastenden Untersuchungen von entscheidender Bedeutung, und wie im ersten Kapitel dargelegt, kann sonst aufgrund des unerbittlichen Drucks und der Anforderungen, die an die Sozialdienste gestellt werden, die gebührende Aufmerksamkeit für Details übersehen werden, wie es bei Arthur der Fall war.

2.5 Schritt 4: Schlagen Sie eine Brücke zwischen Eltern und Kind, wo es möglich ist: Hören Sie auf die Musik

Um einen hinreichend sicheren Raum für die Begegnung mit Kindern und ihren Familienmitgliedern zu schaffen, ist es, wie bereits mehrfach betont, wichtig, mit den Beiträgen der einzelnen Personen gleichberechtigt umzugehen. Dies ist eine Herausforderung, insbesondere wenn die Eltern über das Verhalten ihres Kindes wütend sind. Die Therapeutin muss auf die Betroffenheit und die Beschwerden der Eltern über ihr Kind eingehen, darf zugleich aber nicht zulassen, dass diese Stimmung eine Sitzung dominiert. Wir müssen uns entscheiden, wie wir »problemgesättigten Beschreibungen« (White, 2011) zuhören, ohne uns von der Negativität einnehmen zu lassen. Um dies zu erreichen, muss jeder von uns auf seine oder ihre eigene Art und Weise einen Weg finden, zuzuhören und gleichzeitig so zu unterbrechen, dass eine Verbindung zu den Emotionen der Eltern hergestellt werden kann. Ich bezeichne dies als die »Musik« in den Worten der Beschwerde.

Die Frustration der Eltern kann mit Gefühlen des Versagens hinsichtlich der Unterstützung für ihr Kind, mit dem Verlust von Intimität, mit der Angst um die Sicherheit ihres Kindes oder mit der Befürchtung verbunden sein, dass es sie hassen wird, weil sie sich um Hilfe bemühen. Die »Musik« wird von einer Therapeutin gehört, die auf den Tonfall und den Ausdruck in den Worten der Eltern achtet. Sie tut gut daran, eine Wertschätzung für diese »Musik« zu vermitteln, anstatt sich in eine Koalition mit den Eltern gegen das Kind hineinziehen zu lassen. In den meisten Familiensitzungen geht es darum, dass jede Person das Gefühl hat, dass die Therapeutin ihre Position anerkennt, ohne diese als die einzig wahre Perspektive auf das Kind zu akzeptieren.

Suchen Sie nach verbindenden Themen

Welche sind die zentralen Anliegen, die die Familienmitglieder mitbringen und die mit dem Problem ihres Kindes verbunden sind? Diese in eine gemeinsame Diskussion einzubinden, in der nach Ressourcen, Erklärungen, neuen Erzählungen und neuen Optionen gesucht wird, ist das Ziel der Gespräche. Der Fokus kann sich im Laufe der Zeit ändern, aber in der Anfangsphase der Kontaktaufnahme mit einer Familie ist es problematisch, sich zu früh von den geäußerten Sorgen um ein Kind zu entfernen. Sie müssen sorgfältig darauf achten, wann es passt, das Gespräch auf andere Themen auszudehnen.

Es kann recht nützlich sein, weitergehende Fragen etwa so einzuführen: »Darf ich einmal eine weitergehende Frage stellen, damit ich mir ein Bild von Ihrer Familie machen kann?« Oder: »Das mag jetzt etwas irrelevant erscheinen, aber ist es in Ordnung zu fragen, wie Sie bisher versucht haben, John mit seinem Zwangsverhalten zu helfen?« Oder: »Ich sehe, dass es wichtig ist, nicht von Ihren Sorgen um Ihren Sohn abzulenken. Das möchte ich auch nicht tun, ich werde auf Ihr Anliegen zurückkommen. Ist es in Ordnung, wenn ich jetzt noch ein paar Fragen zu … stelle?«

Im Folgenden finden Sie eine Reihe von einfachen Schritten, die Sie bei einer Familiensitzung in Anwesenheit eines Kindes beachten sollten:
- Erfragen Sie zunächst die Meinung aller Beteiligten zur Teilnahme an einer Sitzung (einschließlich der Meinung darüber, was ein möglicher Empfehlungsgeber von außen sich als gutes Ergebnis vorstellt).
- Versuchen Sie, die Ziele und Wünsche in Bezug auf die Therapie bei jedem Einzelnen und jeder Einzelnen herauszufinden.
- Versuchen Sie, sich die verschiedenen Schilderungen darüber anzuhören, »was los ist«, ohne sich in wiederholte Beschwerden oder »problemgesättigte Erzählungen« zu verstricken.
- Suchen Sie nach Ressourcen in der Familie und laden Sie zu einer Diskussion darüber ein, was die Familienmitglieder bereits versucht haben, um ein Problem zu lösen.
- Versuchen Sie, wenn möglich, am Ende der Sitzungen Zeit für Reflexionen und Meinungen zur Sitzung einzuplanen. Wie wurde sie erfahren?

Lernen Sie, »zweisprachig« zu werden

Oft bedenken wir nicht, wie unsere Worte in Therapiesitzungen über die Köpfe der kleinen Kinder hinweggehen können. Wenn ich mich in einer Sitzung zu sehr auf die Erwachsenen konzentriere, fange ich an, nur noch in der Sprache der Erwachsenen zu sprechen, und vergesse, die Worte zu »übersetzen«, damit ein kleines Kind verstehen kann, was gesagt wird. Wenn ich die Eltern bitte, mir bei der Suche nach den richtigen Worten zu helfen, kann ich oft wieder eine Verbindung zu den Klienten in der Sitzung herstellen:

Mutter: »Was Herr Wilson sagen will, ist, dass sich dein Bauch komisch anfühlt und dass du dir deshalb Sorgen machst und eine Umarmung von mir brauchst.« – Ich: »Danke. Das ist eine viel bessere Art, es auszudrücken!«

Finden Sie einen Verbindungsstil, der zu der Familie passt

Wir sollten uns selbst die Frage stellen: Wie kann ich eine passende Verbindung mit dem Stil dieser Familie finden? Manche Familien sind zum Beispiel so lautstark, dass ich zum Dirigenten der Sitzung werde, der den Verkehr der Konversation lenkt. Bei anderen Familien führt ihr sanfter Gesprächsstil dazu, dass ich zum Spaßvogel werde, zum sanften Herausforderer ihrer allzu großen Empfindlichkeit. Um Kinder in Familiensitzungen einzubinden, bedarf es der Inszenierung aller Beteiligten, und die Therapeutin ist manchmal Mitläuferin und manchmal Anführerin. Die Kunst besteht darin, zu erkennen, wann und wo man sich in Bezug auf alle Anwesenden positionieren sollte und sich des Impulses bewusst zu sein. Die Unterstützung von Kindern in Familiensitzungen geschieht nicht auf Kosten des Verstummens der Stimmen aller anderen. Die Stimme des Kindes ist Teil des Chors, der gehört und gewürdigt werden muss, wenn Fortschritte erzielt werden sollen. Die Fallbeispiele im vierten Kapitel vertiefen dieses Thema.

Erwägen Sie getrennte Sitzungen für Kinder und Eltern
Dies ist eine wichtige Überlegung, denn wenn Sie Kinder von den Sitzungen ausschließen, bedeutet das ja nicht, dass Sie nicht mehr um ihr Wohlergehen besorgt wären. Doch gelegentlich profitieren Kinder von Sitzungen ohne ihre Eltern, und ebenso können Eltern von Sitzungen ohne ihre Kinder profitieren. Dies gilt insbesondere dann, wenn Eltern sich genötigt fühlen, die Gefühle ihrer Kinder nicht zu verletzen, indem sie Kritik an ihnen äußern, oder wenn sie befürchten, Themen anzusprechen, die sie vor ihren Kindern geheim halten wollten, um diese zu schützen (etwa Partnerschaftsprobleme). Dies können legitime Gründe sein, um Sitzungen ohne Kinder in Betracht zu ziehen. Eltern ohne ihre Kinder zu sehen, kann jedoch auch das Risiko bergen, das Kind von jeglichem direkten Beitrag zur Therapie zu entfremden.

Es ist wichtig, die Gründe und die Folgen eines getrennten Treffens zu erörtern, wobei die Gründe klar dargelegt werden müssen und sich alle Beteiligten über die Grenzen der zu vereinbarenden Vertraulichkeit im Klaren sein müssen. Wenn Eltern darauf bestehen, dass ihr Kind von Ihnen allein gesehen werden sollte, nützt es oft wenig, sich einfach zu weigern. Ich sehe hier eher die Gelegenheit, mich dem Anliegen der Eltern anzuschließen, ihrem Kind zu helfen. Eine oder mehrere Einzelsitzungen mit einem Kind müssen jedoch mit dem klaren Ziel verbunden sein, die Eltern zu einem späteren Zeitpunkt in eine gemeinsame Exploration einzubeziehen. Es ist wichtig, die Gründe für Einzelsitzungen mit dem Kind zu erkunden, da die Eltern sonst das Gefühl haben könnten, dass sie die Probleme ihres Kindes an Sie abgegeben haben, damit Sie sie irgendwie lösen, ohne dass sie sich aktiv beteiligen.

Wenn ich ein Kind ohne seine Eltern sehe, versuche ich immer, im Hinterkopf zu behalten, welche Themen mithilfe der Kooperation des Kindes oder der Jugendlichen besprochen und an die Eltern weitergegeben werden können. Wenn ich sehr junge Kinder allein sehe, versuche ich, die Eltern zu ermutigen, meine Sitzungen zu beobachten und diese Beobachtungen später zu kommentieren. Deshalb mache ich Vorschläge wie: »Sie als Eltern sind die Ohren und Augen, die uns bei der Arbeit mit Ihrem Sohn helfen« oder »Es ist wichtig, dass Sie (die Eltern) Teil unseres Teams sind, wenn wir gute Arbeit für Ihre Tochter leisten sollen«. Mit anderen Worten: Die Therapeutin versucht, die Idee einzuführen, dass aus dem Zusammenspiel von Therapeutin, Kind und Eltern Kompetenz entsteht. Dies Eltern zu sagen, die davon überzeugt sind, dass ihr Kind eine Expertin braucht, um es zu »reparieren«, wird anfangs vermutlich auf Ablehnung stoßen. Die Therapeutin muss also ständig darauf achten, dass sie die Eltern nicht zur Teilnahme drängt, weil dies unter Umständen zu einem Abbruch der Therapie führen würde.

Wenn Eltern sich nicht trauen, aktiv an den Sitzungen teilzunehmen, müssen wir vielleicht warten, bis sich eine Gelegenheit ergibt und sich ein Elternteil sicher genug fühlt, um über seine eigenen Schwachstellen zu sprechen. Er oder sie könnte zum Beispiel sagen: »Ich hatte auch eine schwierige Kindheit«, oder: »Ich denke manchmal, wenn ich so reagiere, dass ich die Probleme verschlimmere«, oder: »Es gab in letzter Zeit so viele Spannungen, dass ich glaube, unser Kind nimmt das auf«. All dies sind Beispiele für Beziehungsöffnungen, bei denen die Schwierigkeiten des Kindes allmählich in einem breiteren Kontext betrachtet werden können und bei denen negative Konnotationen, diagnostische Kategorien und individuelle Pathologien allmählich eine weniger zentrale Rolle im Verständnis dessen einnehmen, »was los ist«. In der Tat setzt der Therapeut die Idee um, dass Expertise kontextabhängig ist.

Randbemerkung: Ich erinnere mich an eine sehr besorgte Mutter, die wegen ihres depressiven Teenagers zu mir in den psychiatrischen Dienst kam. Die Mutter, Linda, bestand darauf, dass ihre halbwüchsige Tochter Jane eine Einzeltherapie benötige, Familiengespräche seien kein Thema. Auf Drängen der Mutter wurde Jane zunächst an eine Kunsttherapie überwiesen, aber darauf ließ sie sich nicht ein. Danach wurde sie zu einer kognitiven Verhaltenstherapie überwiesen, aber auch hier hielt sie die Termine nicht ein. Uns gingen langsam die Möglichkeiten aus. An diesem Punkt fragte ich, ob wir nicht etwas anderes versuchen könnten. »Wir brauchen einen Richtungswechsel ... Vielleicht etwas weniger Vorhersehbares?« Zu diesem Zeitpunkt war Linda bereits zunehmend verärgert über ihre Tochter und die offensichtlich mangelnde Zusammenarbeit mit unserem kinderpsychiatrischen Dienst, weswegen sie zähneknirschend zustimmte, mich zusammen mit ihren drei Kindern zu treffen. Es wurde eine Familiensitzung vereinbart. Mir fiel sofort auf, wie lebhaft und enthusiastisch die beiden jüngeren Geschwister von Jane mit mir sprachen. Das brachte mich auf die Idee, dass alle drei Kinder mein »Team« sein könnten, um über die Art und Weise zu sprechen, wie ihre Mutter, eine Alleinerziehende, »bereits gute Arbeit in der Familie geleistet hat«. Die Kinder schwärmten von den Fähigkeiten und Stärken ihrer Mutter, seit ihr Vater vor über einem Jahr gestorben war. Linda wurde gebeten, bei dieser Mini-Sitzung mit ihren Kindern als »Reflektorin« aufzutreten[8]. Sie war überrascht über das Vertrauen, das ihre Kinder ihr entgegenbrachten. Diese spielerisch-ernste Familiensitzung trug dazu bei, unser Arbeitsbündnis zu festigen und den Weg für familienbasierte Sitzungen zu ebnen, die alle Teilnehmenden einbezogen.

---

8 Die Nutzung »Reflektierender Positionen« lehnt sich an die Ideen zum »Reflektierenden Team« nach Tom Andersen (1990) an, nur dass es eben die Betroffenen selbst sind, die eingeladen werden, das therapeutische Geschehen zu reflektieren (Drews, Born & v. Schlippe, 2021).

Es ist klar, dass diese spielerischen Mittel einen sensiblen Umgang erfordern und dass die Beziehung zwischen Therapeut und Familie in gegenseitigem Respekt und gemeinsamer guter Absicht gefestigt sein sollte, da solche Methoden sonst als bedrückend erlebt werden könnten. Sie bedürfen einer leichten Berührung durch den Therapeuten (für eine detailliertere Erforschung dieser und anderer Methoden zur Einbeziehung von Familien siehe Wilson, 2003).

Ein junger Mensch muss sich in diesem Rahmen sicher fühlen und dem Therapeuten (genug) vertrauen. Gleichzeitig wirft dies eine weitere kritische Frage nach der eigenen ethischen Position auf. Genauso wie Missbrauchsfälle Maßnahmen zum Schutz des Kindes erfordern, kann der Therapeut feststellen, dass bestimmte Enthüllungen eines Kindes es erforderlich machen, dass er mit den Eltern gegen den Willen des Kindes über eine ernste Angelegenheit spricht. Hier gibt es keine feste Regel, aber es ist wichtig, dass keine Angelegenheiten verschwiegen werden, die dem Wohlergehen des Kindes schaden oder es weiterhin gefährden würden. Dies ist ein Bereich, der am besten im Einzelfall erörtert wird, aber grundsätzlich gilt, dass wir als Therapeuten auch Bürger sind, die die Verantwortung haben, die Rechte der Kinder zu wahren, und dies kann nicht durch ein Bündnis mit einem Kind gefährdet werden, das unter untragbaren Bedingungen lebt.

Um auf meine anfängliche Beschreibung von Arthur Labinjo-Hughes zurückzukommen: Die Bedeutung des Handelns im Namen eines Kindes erfordert ein gesetzliches Eingreifen und ein Rechtssystem, das die Rechte eines Kindes schützt. Die systemische Praxis ist im Zusammenhang mit dem Schutz von Kindern ebenso wichtig wie bei kooperativen Formen der therapeutischen Arbeit. Diese beiden Bereiche unterscheiden sich zwar wesentlich in ihrem Engagement und ihrer Ausrichtung, sollten aber dennoch im Rahmen einer systemisch-humanistischen Ausrichtung der Praxis betrachtet werden.

2.6 Das eigentliche Ziel: Verbundenheit

Die oben genannten Schritte sollen dazu beitragen, den Boden für eine Praxisorientierung zu bereiten, die, wo immer möglich, auf Begegnungen mit Kindern in Familien- bzw. Einzelsitzungen ausgerichtet ist, um einen nützlichen Dialog zwischen den Teilnehmenden zu erzeugen. Eine wichtige Orientierung für den Praktiker ist die Konzentration auf die Ressourcen aller Beteiligten, einschließlich derjenigen des Therapeuten. Diese Orientierung hat Vorrang vor Formulierungen, die die Erzählungen von Kindern in Kategorien einordnen oder sie auf Diagnosen zu reduzieren. Ähnliches gilt für Behandlungsprogramme, die ohne den gebührenden Respekt für die Komplexität der Situation und der Fähigkeiten eines Kindes umgesetzt werden. Die Aufgabe der Therapeutin besteht darin, mit ihren Klienten Kontexte des Möglichen zu schaffen. Es handelt sich um einen explorativen Prozess, der spielerisch ernsthaft, manchmal respektlos und experimentell ist, aber auf theoretischen Studien und reflexivem, kritischem Denken beruht. Die theoretischen und philosophischen Einflüsse sind eingebettet in eine Praxisorientierung, die sich gegen jede Form von Unterdrückung stellt ohne dogmatisch zu sein, und die unser Handeln als Therapeuten in erster Linie als einen Prozess der gegenseitigen Humanisierung sieht (Freire, 1996; Wilson, 2017).

Im nächsten Kapitel wende ich mich Aspekten zu, die dazu beitragen können, das Repertoire an Praktiken in der Zusammenarbeit mit Kindern zu erweitern. Jede und jeder professionell Tätige unter uns hat einen eigenen Stil, nach dem er oder sie handelt, jede und jeder verfügt bereits über vertraute Methoden und Techniken. Dies ist unser Repertoire an Fähigkeiten, und es kann schrittweise erweitert werden. Je mehr wir es erweitern, desto wahrscheinlicher ist es, dass wir uns kreativ auf die Kinder einlassen können, denen wir in unserer Praxis begegnen.

3 Das Repertoire: Methoden, Möglichkeiten und Grenzen der Kreativität

Konzepte helfen uns dabei, kritisch darüber nachzudenken, wie wir uns in der Praxis engagieren können, aber das allein reicht nicht aus. Wir müssen auch Wege finden, sie in Worte und Handlungen zu übersetzen, die Interesse und Neugierde wecken. Familientherapeuten sind in den Formen der »talking cure« geschult, aber insbesondere bei kleinen Kindern sind es eher die Sprache des Spiels und die der Performance, die ihre Neugierde ansprechen.

Forschungen zu den Ansichten jüngerer Kinder über die Therapie (Stith, Rosen, McCollum, Coleman & Herman, 1996) deuten darauf hin, dass vorpubertäre Kinder eine Kombination aus Spiel und Aktion zusammen mit Gesprächen bevorzugen. Die meisten Kinder identifizieren sich positiv mit Therapeuten, die warmherzig und sympathisch sind und, was wichtig ist, ihnen auf Augenhöhe begegnen. Es ist ein großer Fehler, mit Kindern von oben herab zu reden. Auch Kinder sehen Familiensitzungen als nützlich an, solange sich nicht die gesamte Aufmerksamkeit auf sie richtet (Wilson, 1998, 2003). Von Familiensitzungen ausgeschlossen zu werden, kann Kinder ängstlich machen. Sie machen sich möglicherweise Sorgen um ihre Eltern, wenn diese unglücklich erscheinen. Sie wollen in der Regel wissen, was in ihrer Familie los ist, und vor allem schätzen sie es, wenn ihre Meinung in Familiensitzungen gehört und berücksichtigt wird. Therapeutinnen müssen nicht zu »Entertainern« für Kinder werden, aber es lohnt sich, darüber nachzudenken, wie man einige zusätzliche Fähigkeiten entwickeln kann, um mit jungen Klienten und Klientinnen auf spielerische Art und Weise zusammenzukommen. Neugier wird ebenso wie Kreativität als ein relationaler Prozess betrachtet, und damit die folgenden Methoden hilfreich sind, müssen sie in der Gegenseitigkeit der Antworten aller Beteiligten entstehen (die Fallbeispiele im vierten Kapitel unterstreichen diesen Punkt).

Ein Wort der Vorsicht: Nicht alle Kinder werden sich mit der warmen und einfühlsamen Art des Therapeuten wohlfühlen, da einige von ihnen, die Missbrauch und Traumata erlebt haben, diese Wärme als unzuverlässig oder sogar bedrohlich empfinden. Der Therapeut muss sich auf ein Maß an Intimität einstellen, das für das Kind sicher genug ist, und sein Repertoire an Möglichkeiten erweitern, um kreative Verbindungen zu jedem Kind zu finden. Kinder werden neugierig darauf, sich zu beteiligen, wenn eine passende Verbindung zu ihnen hergestellt wird, die weder aufdringlich noch übermäßig direktiv ist.

Modi der Verbindung mit Kindern

Wenn wir kleine Kinder in ihrer schulischen Umgebung beobachten, können wir eine Reihe von Aktivitäten feststellen: ein Kind singt, ein anderes hüpft, eines steht still da und träumt, während ein anderes in ein Computerspiel vertieft ist. Zwei Kinder basteln ein Kunstwerk, andere spielen zusammen ein Spiel, eines liest ein Buch, ein anderes erzählt eine Geschichte. Wir sehen, wie sie ihre Vorstellungskraft nutzen, sie improvisieren, indem sie etwas vorspielen und sich etwas ausdenken, und dadurch tragen sie zu ihrem Wissen und ihrer Entwicklung bei (Holzman, 2009).

Da unser Ziel hier darin besteht, die Möglichkeiten für Verbindungen mit Kindern zu verbessern, kann das Repertoire der Praktiker auf weitere spielerische Bereiche ausgedehnt werden, ohne die grundlegenden systemischen Konzepte aus den Augen zu verlieren.

3.1 Mögliche Wege zur kreativen Verbindung mit Kindern

Auf körperliche Bewegungen achten

Es ist wichtig, in den Sitzungen auf die körperlichen Bewegungen der Teilnehmerinnen und Teilnehmer zu achten, auf ihre Körperhaltung und Sitzhaltung, auf Bewegungen zwischen den Beteiligten usw. Dies kann unterstützt werden durch bewegliche Sitzgelegenheiten, Spielen auf dem Boden, Sitzungen im Freien, Aktivitäten wie Spaziergänge oder Spiele beinhalten. Kinder, bei denen häufig ADHS diagnostiziert wird, reagieren beispielsweise eher auf eine handlungsorientierte Interaktion mit einem Therapeuten, als wenn von ihnen erwartet wird, lange in einem Therapiestuhl zu sitzen.

Formen des geschriebenen und des gesprochenen Wortes

Wenn es um wichtige Themen geht, die mit den vom Kind wahrgenommenen Problemen und Ressourcen in Verbindung stehen, sind Briefe an abwesende Familienmitglieder, das Vorlesen von Gedichten, die Verwendung von Liedtexten und Zeitschriftenartikeln potenzielle Mittel, um auf kreative Weise Gespräche darüber einzuleiten. Im Fallbeispiel von Yasmin in Kapitel vier wird ein Brief an ein misshandelndes Familienmitglied verfasst. Geschriebene oder erzählte Geschichten können gemeinsam mit Kindern oder anderen Familienmitgliedern verfasst werden (siehe auch White & Epston, 1992; White, 2011; Wilson, 2007, 2013, 2022 a & b).

Ein neun Jahre alter Junge wurde als elektiver Mutist definiert. Er hatte in den Familiensitzungen nicht gesprochen, bis seine Mutter erwähnte, dass er Hunde und Computerspiele mochte. Ich dachte mir eine Geschichte aus, die ich ihm über die Mailadresse seiner Mutter schickte. Die Geschichte handelte von einem Hund, der sein Bellen verloren hatte und sich auf die Suche nach ihm machte. Dem Jungen gefiel, was ich geschrieben hatte. Eine positive Veränderung trat ein, als die Mutter ihrem Sohn einen Welpen kaufte, der zum Freund und Vertrauten des Jungen wurde. Nachdem der Hund in sein Leben getreten war, verschwand seine Symptomatik. Die Geschichte war dabei nur ein Schritt in eine kreative Richtung, die durch die Initiative der Mutter angeregt wurde.

Nutzung von Multimedia

Einige Kinder sind im Umgang mit multimedialen Kommunikationsmitteln geübt, entsprechend lassen sich Textnachrichten und Emails in der Therapie nutzen. Darüber hinaus können Kinder auf nützliche Webseiten verwiesen werden. Die Coronapandemie hat viele Praktiker dazu veranlasst, online zu arbeiten. Einige Kinder und Jugendliche empfanden diese Art der Kommunikation als angenehm und auch als weniger aufdringlich als persönliche Treffen in einer psychiatrischen Einrichtung. Sitzungen zu Hause am Bildschirm sind einfacher zu arrangieren. Die Nutzung der Online-Therapie hat natürlich ihre Grenzen (siehe z. B. Wilson, 2021), aber sie kann sich als hilfreiche Ergänzung zur Praxis erweisen, wenn sie nicht nur zur Zeitersparnis genutzt wird. Ein persönliches Gespräch bleibt unverzichtbar, wenn:
- es sich um sensible oder stark emotional aufgeladene Begegnungen mit Familien handelt,
- es an einer grundlegenden Kooperation zwischen den Beteiligten mangelt,
- das Ausmaß der Gefährdung ein sofortiges persönliches Eingreifen erfordert.

Digitale Medien können zwar unterstützen, bieten aber nicht den Reichtum und die Mehrdimensionalität der Erfahrungen und Möglichkeiten, die den Teilnehmenden in den Sitzungen vor Ort offenstehen.

Einbeziehung von Kunstwerken und visuellen Hilfsmitteln
Die Verwendung von Figuren, um Geschichten zu erzählen, grafische Genogramme, um Verbindungen zu den Kindern herzustellen, Zeichnungen, Kartenspiele, Listen und Quizfragen, um die Diskussion zu fördern, sind alles Hilfsmittel, auf die sich einige Kinder einlassen können, auch weil sie solche Mittel bei der Schularbeit mit ihren Lehrern und Lehrerinnen verwenden (Wilson, 2003).

Formen des Theaters, der Performance und des Rollenspiels
Eine jamaikanische Familie, die ich in der Therapie kennenlernte, beendete unsere Sitzungsreihe mit einer Jamsession, bei der Familienmitglieder Steeldrums spielten und ich mich zusammen mit Mitgliedern meines Teams mit Gitarren und Percussion beteiligte. Es war ein Abschlussritual, das von uns allen gefeiert wurde, auch wenn es in den Fluren unseres psychiatrischen Krankenhauses für einige Verwunderung sorgte! Musik und Gesang können für manche Kinder zu einem Wendepunkt werden, der sie von schmerzhaften Dingen in ihrem Leben befreit.

3.2 Kann man Spiel ernst nehmen?

Bei der Aufzählung dieser Modi stellt sich die Frage, ob und wie unsere berufliche Identität das Spektrum akzeptabler Verhaltensweisen, die wir uns erlauben dürfen, einschränkt. Haben wir die Bedeutung von Humor, Witzen und spielerischen Neckereien mit unseren Klienten aus den Augen verloren? Ist die Therapie zu einem eingeschränkten Bereich von Aktivitäten geworden, der eine freiere Ausdrucksweise ausschließt? Sind wir überzeugt, wenn behauptet wird, das Singen oder Musizieren mit der Familie irgendwie keine »echte« Therapie sei? Zu viel Formalität oder unangemessene Informalität sind Wege, die Kreativität in der

Praxis einzuschränken und uns von den Kindern, denen wir begegnen, zu distanzieren. Aber – und das ist die Essenz dieses Buches – das Vorhandensein eines *spielerischen Geistes* in Verbindung mit einer *ernsthaften Absicht* ist eine Kombination, die den Therapeuten die Möglichkeit gibt, dem Repertoire ihrer Praxis neues Leben einzuhauchen.

Die Suche nach Möglichkeiten, unser Repertoire zu erweitern und auszubauen, ist jedoch nicht nur eine Frage des Erlernens zusätzlicher Methoden. Unsere Fähigkeit, unsere Praxis und Kreativität zu erweitern, wird auch von den organisatorischen Strukturen und akzeptierten Normen für die Praxis beeinflusst, innerhalb derer wir arbeiten, und dieser Kontext erfordert ebenfalls Aufmerksamkeit.

> Randbemerkung: Ein erfahrener Familientherapeut sprach mich während eines Workshops zum Thema »Systemische Ansätze in der Therapie mit Kindern« an, den ich anbot. Ich hatte viele der oben genannten Methoden zum Aufbau therapeutischer Verbindungen mit Kindern beschrieben und ein Video von mir gezeigt, in dem ich auf dem Boden des Therapieraums mit kleinen Kindern spielte, die mir anhand einer Miniskulptur eine Geschichte über den Verlust ihrer familiären Verbindungen erzählten (Wilson, 1998, 2003). Der Therapeut war verblüfft. Er erzählte mir, dass er vor seiner Ausbildung zum Familientherapeuten mehrere Jahre lang als Spieltherapeut gearbeitet hatte. Seine Ausbildung in Familientherapie unterschied sich sehr von seinen früheren Arbeitsweisen, so dass er alle seine spieltherapeutischen Methoden aufgab, als er Familientherapeut wurde. Seine Begegnung mit mir stellte diese Annahme in Frage und diente als Beispiel dafür, wie bestimmte Ausbildungen die Möglichkeiten der Kreativität einschränken können: Er hatte den Kontakt zu den Fähigkeiten und Formen der Verbindung mit Kindern aus seiner früheren Arbeit als Spieltherapeut verloren, weil sie in seiner Familientherapieausbildung nicht legitimiert worden waren.

Was in seiner familientherapeutischen Ausbildung gefehlt hatte, war die Einbeziehung eines systemischen theoretischen Ansatzes, der verschiedene Modalitäten umfasste, um Verbindungen zu Kindern und Familien herzustellen. Die theoretischen Perspektiven der (oft überwiegend psychodynamisch ausgerichteten) Spieltherapie und der Familientherapie unterscheiden sich, aber die hier erwähnten Modalitäten gehören nicht zu einem bestimmten Ansatz. Es kommt darauf an, *wie* die Methoden und Techniken eingesetzt werden und welche Bedeutung ihnen beigemessen wird. In der spielerisch ernsthaften systemischen Praxis geht es darum, alle Methoden anzuwenden, die sich als wirksam erweisen. Mein Mentor und Inspirationsquelle Gianfranco Cecchin von der Mailänder Gruppe (Cecchin, 1988, Cecchin, Lane & Ray, 1993, Cecchin et al., 1994) pflegte zu sagen: »Wenn die Methode nicht funktioniert, ändere sie!« (persönliche Mitteilung).

3.3 Mögliche Herausforderungen für die kreative Praxis mit Kindern

Ich leitete einmal eine Reihe von Schulungen in einer psychiatrischen Einrichtung in Kalmar, Südostschweden. Die Schulungen wurden von der Gesundheitsbehörde arrangiert, um die Praktiker in ihrem Wunsch zu unterstützen, in ihrer therapeutischen Arbeit mit Kindern und Familien effektiver zu werden. Die sechs intensiven Schulungssitzungen fanden über einen Zeitraum von achtzehn Monaten statt. In dieser Zeit befand sich das psychiatrische Krankenhaus in einer Phase verschiedener struktureller und politischer Veränderungen. Die Dienste wurden aufgeteilt, Spezialisierungen wurden geschaffen, die die Ärztinnen von ihren Kollegen trennten, und die Anforderungen an zeitlich begrenzte Kontakte mit den Patienten stiegen.

Weitere zeitliche Belastungen ergaben sich aus der Forderung, die Wartelisten zu verkürzen, und aus den zunehmenden Änderungen bei den Verfahren zur Erfassung von Statistiken und Ergebnissen. Vielleicht kennen Sie einige, wenn nicht sogar alle diese Anforderungen aus Ihrem persönlichen Arbeitsumfeld. Während es jedoch wichtig ist, die Auswirkungen solcher politischen Anforderungen anzuerkennen, ist es auch wichtig, sich nicht in Gefühlen der Hoffnungslosigkeit zu verlieren, sondern gemeinsam zu überlegen, was man tun kann. Es ist schwierig, ein Gleichgewicht zu finden, denn oft steht der organisatorische Druck im Vordergrund der Überlegungen der Praktiker. Dennoch bleibt die Frage bestehen: *Wie kann man die kreativen Möglichkeiten am Leben erhalten?*

Im Verlauf der Schulungen veränderte sich das Gesprächsklima. Die Praktiker fühlten sich zunehmend freier, über Dilemmata in der Praxis und Möglichkeiten für eine bessere Zusammenarbeit zu sprechen. Wir hatten ein Umfeld geschaffen, das sicher genug war, um eine Diskussion zu führen, ohne dass es zu einem wenig hilfreichen Wettbewerb zwischen den Disziplinen kam. Wie ist es uns gelungen, diesen explorativen Rahmen für das Lernen zu kreieren?

Die für den Kurs vorgesehene Zeit wurde von den Leitern des Dienstes befürwortet, so dass die Schulung bereits als für die Arbeit der Teilnehmenden hilfreich angesehen wurde. Ich habe versucht, den Kurs zu einem sicheren Ort zu machen, an dem man durch Versuch und Irrtum lernen kann. Indem ich anhand von Videos und Rollenspielen zeigte, wie ich arbeite, machte ich mich angreifbar. Ich machte Fehler, lud zu Feedback ein und schätzte es, dass die Teilnehmenden Risiken eingingen, indem sie den anderen zeigten, wie sie bei der Arbeit vorgingen. Es war mir wichtig, so zu unterrichten, dass es mit der Art und Weise, wie ich meine Praxis ausübe, übereinstimmte. Wir ließen unterschiedliche Meinungen zu und es entstand ein Kontext, der auf der Neugier am Lernen und der Erweiterung des eigenen Repertoires an Fähigkeiten basierte. Im Wesentlichen ist dieses Buch ein schriftliches Beispiel für die Art und Weise, wie ich meine Workshops und Kurse durchführe. Ich vermeide eine »Top-down«-Beziehung zu den Anwesenden. Humor und ernsthaftes Lernen gehen Hand in Hand. Ohne die Wärme des Humors in einem Lernkontext kann die Atmosphäre trocken werden und die Beteiligten sind unter Umständen weniger geneigt, neue Arbeitsweisen auszuprobieren. Es war wichtig, alle als kompetente Fachleute zu betrachten, und meine Aufgabe bestand darin, ihnen neue Wege für die Weiterentwicklung ihrer Praxis zu eröffnen. Der Lehrer lernt vom Schüler, wie er am besten mit ihm in Kontakt treten kann – die Worte des eingangs erwähnten Zitats von Kailash Satyarthi klingen hier nach. Es bedarf einer kindlichen Einstellung, um sich dafür zu öffnen, Neues zu lernen. Die Teilnehmer aus Schweden haben diese Möglichkeit mit mir geschaffen.

An einem Punkt bat ich die Gruppe, zu überlegen, wie sie Kreativität bei der Arbeit fördern könnte. Sie machten Vorschläge, die anschließend mit Hilfe der Leitung in ihre Organisationsstruktur eingebaut wurden. Sie entschieden sich für mehr gemeinsames Arbeiten, mehr Zeit für Supervision (vor allem Supervision der klinischen Prozesse, nicht nur des Fallmanagements), mehr Zeit für die Besprechung von kollegialen Beziehungen, insbesondere bei auftretenden Spannungen, und mehr Offenheit in allen Belangen ihrer Arbeit.

Diese Aussagen unterstreichen, was in der Fortbildung geschah:
- Eine Teilnehmerin erklärte, dass es sehr wichtig sei, »die Tür zur *Praxis* zu öffnen!«
- Ein anderer sagte: »Nicht nur die Praxis … auch unser *Geist* muss sich öffnen.«
- Und schließlich ergänzte ein Dritter: »Es geht noch um viel mehr – nämlich um offene *Herzen!*«

Der dritte Teilnehmer brachte die Sache auf den Punkt. Was in den vollen Terminkalendern fehlte, war Zeit zum Nachdenken, nicht nur über ihre Praxis, sondern auch über ihren Platz in ihrem Team und die Betreuung der Kollegen und Kolleginnen. Wenn die Selbstfürsorge nachlässt, nimmt auch unsere Fähigkeit ab, auf andere zu achten. Wenn Köpfe sinken und der Computer zur ersten Anlaufstelle wird, verliert die Aufrechterhaltung unserer kollegialen Beziehungen an Bedeutung. Isolation und emotionale Distanz können zu Komplizen entmenschlichender Prozesse werden. Wenn Organisationen bei der Umsetzung von Richtlinien und der Überwachung der Praxis autoritär werden, schränkt dies die Praktikerinnen in ihrer Kreativität ein. Oft haben sie Angst, ihren Arbeitsplatz zu verlieren, wenn sie autoritäre Regeln in Frage stellen. Ich erlebe diesen bedenklichen Prozess häufig, wenn ich erfahrene Therapeuten supervidiere, die in ihren Organisationen verantwortungsvolle Aufgaben wahrnehmen. Ein Mangel an kreativen Verbindungen zwischen Fachleuten führt zu Erschöpfung und wirkt sich letztlich negativ auf die Erbringung von Dienstleistungen aus.

Wir sollten daran denken, dass »wenn sich niemand darum kümmert, ob jemand dafür sorgt, die Dinge richtig zu machen, sich nichts ändert. Die überwältigende Botschaft an die Menschen, die an vorderster Front arbeiten, […] ist, dass niemand ihre hervorragenden Leistungen bemerkt […]. Und das ist die größte Quelle für Burnout und Entmutigung bei allen Beschäftigten im Gesundheitswesen« (Gawande, 2014).

Wie die obige Anekdote andeutet, gibt es Möglichkeiten für eine verbesserte Praxis, wenn Beschränkungen angegangen und geändert werden. Es wäre jedoch naiv, über kreative Praktiken zu schreiben, ohne die realen Zwänge und Belastungen bei der Erbringung von Dienstleistungen zu berücksichtigen. Für gute Praxis gibt es keine Abkürzungen. Es braucht die Beachtung der im »schwedischen Beispiel« angesprochenen Dimensionen: gute Supervision, überschaubare Fallzahlen, aufrichtige Praxis und ein System, das gegenseitiges Lernen, Unterstützung und den aktiven Beitrag der Kinder und Familien, die unsere Dienste in Anspruch nehmen, berücksichtigt. Rechenschaftspflicht ist in erster Linie eine Qualität der Beziehung zu unseren Klienten und nicht etwas, dem wir uns einfach entziehen können. Qualität impliziert eine Praxis, die kritische Selbstreflexion beinhaltet, einschließlich der kritischen Reflexion über die Organisationen, Strategien und Verfahren, die die Möglichkeiten für kreatives Arbeiten begrenzen. Wenn wir uns auf die umfassenderen soziopolitischen Kräfte konzentrieren, die unsere Praxis beeinflussen, lenken wir die Aufmerksamkeit auf das, was Erich Fromm als die Kräfte bezeichnet, die uns gleichsam hinter unserem Rücken bewegen oder drängen (1982). Diese Kräfte zu erkennen und zu beachten, gibt uns die Möglichkeit zu handeln, und uns von solchen Beschränkungen zu befreien.

3.4 Fachsprache kann den Spielraum für Kreativität einschränken

Diagnostische Kategorien können nützlich sein, da sie den Patienten beruhigen und bei vielen körperlichen Erkrankungen Wege für eine angemessene Behandlung aufzeigen. Psychiatrische Diagnosen können jedoch problematisch sein, insbesondere dann, wenn die Äußerungen von Kindern nur als Indiz für Störungen behandelt werden, die mit einer individuellen Pathologie zusammenhängen. Die kurzen Beschreibungen eines Kindes als »gestört« (wie oben erwähnt, etwa ADHS, ASD, OCD) sind Diagnosen, die so leicht von der Zunge gehen können, dass wir die Auswirkungen, was es heißt, eine »Störung« zu haben, auf die Identität eines Kindes und die Menschen in seinem Leben zu leicht vergessen (Brady, 2005; Timimi, 2007; Timimi & Leo, 2017). Wenn bei einem Kind eine Störung festgestellt wird, wird das Gespräch zwischen der Ärztin und der Familie von der Diskussion über Medikamente, Dosierung und die Verhaltensreaktionen des Kindes auf die verabreichten Medikamente unter Umständen völlig beherrscht. Dies kann in einigen Fällen nützlich sein, aber es ist ein sehr eingeschränkter Bereich der Konversation, der umfassendere Beziehungs- und Kontextfaktoren, die zur wahrgenommenen Störung eines Kindes beitragen, verdeckt oder ignoriert (Wilson, 2015; Frances, 2016; Gergen, Hoffman & Anderson, 1997).

Randbemerkung: Als ich in einem psychiatrischen Dienst arbeitete, sah ich viele Kinder, die zunächst zur Behandlung von ADHS überwiesen wurden. Sobald mein systemisches Team und ich begannen, mit ihnen und ihren Familien zu arbeiten, verbesserte sich die Situation der Mehrzahl der Kinder, ohne dass Medikamente eingesetzt werden mussten. Der Zeitpunkt des Eintritts in eine Einrichtung und die anschließende Formulierung des Problems eines Kindes prägen die Sprache der Behandlung und die Form der angebotenen Therapie. Selbst wenn die Eltern weiterhin der Ansicht waren, dass ihr Kind an ADHS litt, verlor die Sprache der Diagnose und der Pathologie allmählich an Bedeutung, da andere Themen behandelt wurden. Ein systemischer Ansatz lädt zu einem stärker beziehungsorientierten Gesprächsrahmen für alle Beteiligten ein.

Eine Familie erzählte mir, dass das ADHS-Verhalten ihres achtjährigen Sohnes George zunehmend problematisch wurde, nachdem sein jüngerer Bruder ins Krankenhaus eingeliefert worden war. Die Eltern erklärten, George habe geglaubt, er habe die schwere Krankheit seines Bruders verursacht, woraufhin sich das ADHS verschlimmert habe. Durch eine sorgfältige Erkundung der Schuldgefühle des Kindes und durch die Zusicherung seiner Eltern ließen Georges Schuldgefühle und ADHS-Symptome nach. Die Erweiterung des Blickwinkels bei der Untersuchung führte das Gespräch davon weg, ADHS als einen Zustand zu betrachten. Stattdessen wurde Georges Verhalten als Ausdruck seines Leidens betrachtet, das er in seinen Beziehungen erlebte. Eine zu starke Betonung von Medikamenten, Verschreibungen, Elterntraining und Verhaltensmanagement kann verhindern, dass andere, kreativere Diskussionen und Optionen erkundet werden. Der Schlüssel liegt darin, das vermeintliche Symptom selbst in die Hand zu nehmen.

3.5 Pause zum Nachdenken

Bevor Sie weiterlesen, möchte ich Sie bitten, sich etwas Zeit zu nehmen und die folgenden Szenarien zu betrachten. Um meine Aufforderung vom Anfang des Buches zu wiederholen: Es ist wichtig, die Fähigkeiten und Fertigkeiten zu schätzen, die Sie bereits in Ihrem Praxisrepertoire haben. Ziel ist es, etwas hinzuzufügen, das Sie bei der Entwicklung Ihrer Zusammenarbeit mit Kindern und Familien unterstützt, und auch darüber nachzudenken, einige kreative Risiken einzugehen, um aus Ihrer »Komfortzone« herauszukommen.

Möglichkeiten und Zwänge
Erster Teil
Denken Sie einige Minuten lang über Ihre derzeitigen Fähigkeiten und Fertigkeiten nach, die Ihnen bei Begegnungen mit Kindern und Jugendlichen geholfen haben, in Ihrem privaten Leben wie auch innerhalb Ihrer praktischen Tätigkeit. Wie machen Sie das, wenn Sie Ihre Beziehungen zu Kindern verbessern möchten? Nehmen Sie sich Zeit, um sich vorzustellen, wie Ihre jungen Klienten diese Fähigkeiten in Ihrem Praxisrepertoire bereits zu schätzen wissen.

Zweiter Teil
Zeichnen Sie nun einen Kreis und schreiben Sie die Fähigkeiten hinein, über die Sie bereits verfügen. Zeichnen Sie dann einen weiteren Kreis außerhalb des ersten Kreises. Der Abstand zwischen den beiden Kreisen ist der Bereich, der für Ihre Entwicklung offen ist und der meist mit einem gewissen Risiko, mit Überraschungen, mit Fehlern und Ängsten verbunden ist, aber es ist ein Bereich, auf den man zusteuert, wenn man sein Repertoire erweitert.

Nehmen Sie sich ein paar Minuten Zeit, um in diesen größeren Kreis die Praktiken zu schreiben, die Ihr derzeitiges Repertoire in eine Richtung erweitern könnten, von der Sie glauben, dass Sie dazu in der Lage sind. Dies sind realistische Schritte, die in Ihrer Reichweite liegen. Schreiben Sie diese auf und denken Sie an einige Kinder, denen Sie bereits in Ihrer Praxis begegnet sind und die es begrüßen würden, wenn Sie diese neuen Schritte in Ihrer Art, mit ihnen und ihren Problemen in Kontakt zu treten, unternehmen würden.

Wenn Sie mit den Plänen zur Erweiterung Ihrer Reichweite zufrieden sind, zeichnen Sie bitte noch einen dritten Kreis außerhalb des zweiten. In diesen größeren Kreis legen Sie die Schritte, die für Sie zu viel Stress, zu viel Risiko oder zu viel Unsicherheit bedeuten würden. Dies ist der Bereich, in dem die eigene Entwicklung mit den Möglichkeiten nicht schritthält und daher sorgenvoll stimmt. Die Aufregung, etwas Neues auszuprobieren, weicht einer Enge, die oft durch strukturelle und kontextuelle Kräfte bestimmt wird. Dabei kann es sich um Sorgen über eine überlastete Praxis, fehlende Unterstützung im Team und bürokratischen Druck handeln.

Und schließlich ...
Ziehen Sie nun Möglichkeiten in Betracht, neue Initiativen in Ihrer Praxis zusammen mit anderen gleichgesinnten »spielerisch ernsten« Kollegen und Kolleginnen zu entwickeln. Wo liegen hier die Ressour-

cen, nicht nur innerhalb Ihrer eigenen Arbeitsweise, sondern auch innerhalb Ihres Teams und Ihrer engen Verbündeten? Prüfen Sie, was Sie nicht nur allein, sondern auch mit anderen, die Ihre Bemühungen schätzen, tun können.

Therapeutische Praxis beinhaltet komplexe Interaktionen zwischen Therapeutin, Kind und dem Beziehungsnetz, in dem ein Kind lebt. Im nächsten Kapitel beschreibe ich zwei Beispiele für einen spielerisch ernsthaften systemischen Ansatz, um die vorstehenden Ideen in eine detailliertere Beschreibung des Therapieprozesses einzubetten. Beide Beispiele illustrieren meine Praxis in einer vielbeschäftigten Kinder- und Jugendpsychiatrie in London, wo ich als systemischer Berater und Mitglied eines multidisziplinären Teams arbeitete.

4 Spielerisch mit ernsten Themen umgehen: Zwei Illustrationen

»*Aus einer entfernten Perspektive kann man (eine Erfahrung) [...] in verschiedene Komponenten aufteilen: Affekte, Kognitionen und eine Abfolge von Handlungen, Wahrnehmungen und Empfindungen. Jede Komponente kann separat betrachtet werden. Aber die Erfahrung der ersten Person ist nicht so aufgeteilt; sie wird als Ganzes empfunden*« (Stern, 2005, S. 35).

Die therapeutische Praxis ist ein komplexes, multisensorisches Engagement über einen längeren Zeitraum hinweg, und jede Beschreibung der Praxis ist zwangsläufig ein nachträglicher Bericht. Nichtsdestotrotz habe ich versucht, die Erfahrungen, die mir besonders relevant erschienen, sowie die weitergehenden ganzheitlichen Einflüsse, die Schlüsselkomponenten meiner Praxis waren, zu erfassen. Diese bedeutsamen Momente und umfassenderen Einflüsse dienten als Wegweiser, um in der Begegnung mit den beiden jungen Menschen und den Familienmitgliedern, die im Folgenden beschrieben werden, die richtige Richtung einschlagen zu können.

Im ersten Fall geht es hauptsächlich um die direkte Arbeit mit einem Mädchen im Teenageralter, im zweiten um die Familie eines depressiven fünfzehnjährigen Jungen.

4.1 Yasmin und ihre Mutter Nadia

Yasmin ist ein 14 Jahre altes Mädchen, das mit ihrer Mutter und ihrem älteren Bruder zusammenlebt. Sie leben als muslimische Familie in unserem Einzugsgebiet im Südosten Londons. Yasmin wurde an unseren gemeindepsychiatrischen Dienst überwiesen, weil sie depressiv und ängstlich sei, sich zurückziehe und in der Schule Schwierigkeiten habe.

Es war ein anstrengender Vormittag, aber ich versuche, mir ein paar Minuten Zeit zu nehmen, um mich darauf zu konzentrieren, wie ich auf diese Mutter und ihr Kind zugehen soll. Sie sind wahrscheinlich ängstlich, wenn sie zum ersten Mal zu unserem Dienst kommen. Aus dem Arztbrief geht auch hervor, dass Yasmin im Alter von neun Jahren versucht hat, ein Gift (eine Reinigungsflüssigkeit) zu schlucken und damals an einen ähnlichen Dienst wie den unseren überwiesen wurde.

Ich bin fast immer ein wenig nervös, bevor ich eine neue Familie kennenlerne, aber ich denke, dieses Gefühl hilft mir, darauf zu achten, wie ich sie am besten beruhigen kann, einschließlich der Entscheidung, eine Reihe der vorgeschriebenen Standardfragen bei der Begegnung mit neuen Klientinnen erst nach dem Treffen mit der Familie zu stellen.

Randbemerkung: Wenn das erste Treffen mit einer Familie auf das Ausfüllen von Standardfragebögen ausgerichtet ist, kann dies bei den Familienmitgliedern Unbehagen auslösen. Einige Familien mögen sich durch eine Reihe von Standardfragen zu Beginn beruhigt fühlen, aber es ist auch wahrscheinlich, dass die Klienten das Gefühl haben, dass der Therapeut mehr daran interessiert ist, den Fragebogen auszufüllen, als zunächst eine menschliche Verbindung zu ihnen herzustellen.

> Ich betrete das Wartezimmer und registriere sofort die Stille und das Schweigen im Raum. Die Mutter, Nadia, schaut mit einem leicht ängstlichen Blick zu mir auf und versucht zu lächeln. Yasmin sitzt neben ihr, ganz still, in einen Kapuzenpullover gehüllt, und schaut auf den Boden.
>
> Ich merke, dass ich leise spreche, mich langsam bewege, nicke und grüße, aber ohne meinen üblichen Händedruck anzubieten. Irgendwie würde sich diese Bewegung zu intim, zu aufdringlich anfühlen. Ich stehe abseits von ihnen und bemerke, dass Yasmin ein Stofftier aus der Spielzeugkiste im Wartezimmer genommen hat. Es ist eine Schildkröte, und sie hält sie vorsichtig auf ihrem Schoß. Ich stelle mich vor und frage, ob sie reinkommen möchten. Yasmin sieht zum ersten Mal auf, und ich nicke und schaue in ihre Richtung.
>
> »Ich sehe, du hast ein Kuscheltier gefunden«, wage ich einen ersten Schritt, sie nickt. »Bitte, wenn du das mit in mein Zimmer nehmen möchtest, wäre das in Ordnung«, sage ich in einem etwas leichteren Ton, der sich sanft in die vorsichtige Atmosphäre einfügt, aber ich spüre bereits einen Hauch von Entspannung in meinem Körper. Wir gehen leise in mein Zimmer.

Überlegungen zu meinem ersten Versuch einer Verbindung: Ich musste eine emotionale und physische Distanz zu Yasmin und Nadia finden, die nicht aufdringlich war, aber zugleich eine respektvolle Verbindung zu beiden ermöglichte. Dies ist eher eine Frage des Erspürens und »Lesens« der emotionalen Atmosphäre in den ersten Momenten der Begegnung. Wir improvisieren Reaktionen auf andere, wenn wir ihre Reaktionen auf uns wahrnehmen. In der therapeutischen Praxis sind wir dafür verantwortlich, eine Atmosphäre zu schaffen, in der sich unsere Klientinnen in unserer Gegenwart respektiert und sicher genug fühlen. Unsere sensorischen Reaktionen helfen uns, den angemessenen »Tanz der Intimität« zu ermessen, der erforderlich ist, um herauszufinden, wie wir am besten einen ausreichend sicheren Kontext für die Begegnung schaffen können.

Jedes Verhalten ist Teil dieses Tanzes der angemessenen Intimität; bei Nadia und Yasmin bestand die Einladung darin, sich sehr langsam, leise und mit einer emotionalen Distanz zu bewegen, die sich weder aufdringlich noch weit entfernt anfühlte: Hier betrat ich den Raum. Ich bin ein großer, weißer, schottischer Mann und stehe zwei farbigen Menschen, einer Frau von vielleicht vierzig Jahren und ihrer zierlichen Tochter von vierzehn Jahren, gegenüber. Es ist verlockend, zu denken, dass wir, die Fachleute, diejenigen sind, die die Situation einschätzen, wenn wir mit unseren Klientinnen zusammentreffen. Gleichzeitig beurteilen die neuen unter ihnen auch uns. Was haben die Mutter und die Tochter von mir gehalten? Ihre Lebenserfahrungen werden gleichermaßen Vorstellungen und Vorurteile beinhhalten, so dass wir in der Tat in einen Prozess der gegenseitigen Bewertung, der gegenseitigen Suche nach einer Verbindung verwickelt sind, die die Unterschiede zwischen uns berücksichtigt.

Warum habe ich mich auf diese kleine Interaktion zwischen einem Kind und einem Spielzeug konzentriert? Das Mädchen hatte das Spielzeug aus der Spielzeugkiste für die kleinen Kinder genommen. Vielleicht wollte sie sich von dem Plüschtier trösten lassen, wie es ein jüngeres Kind tun würde? Ich bemerkte, dass sie es mehrmals streichelte, während ich mich vorstellte. In der kurzen Zeit hatte ich viel mehr wahrgenommen, als ich hätte ansprechen können (Andersen, 1990).

Das Gespräch mit Nadia und Yasmin entfaltete sich langsam. Ich lud beide dazu ein, mir zu helfen, ein Verständnis für ihre Anliegen zu entwickeln. Ich musste herausfinden, welche Wünsche und Erwartungen sie an unseren Dienst hatten. Während der gesamten Sitzung war das Tempo langsam und zögerlich, wobei Nadia den

Großteil des Gesprächs führte und Yasmin gelegentlich zustimmend nickte, weil sie sich »Sorgen machte«. An einem Punkt ging ich ein kleines Risiko ein: »Yasmin, die Schildkröte, um die du dich gekümmert hast, hat keinen Namen. Ich frage mich, ob dir bis zum Ende unseres ersten Treffens ein Name für sie einfällt?« Daraufhin sah sie interessiert aus, weniger versteckt in ihrem Kapuzenpulli und etwas entspannter in ihren Bewegungen.

Obwohl Yasmin zurückhaltend war, hatte ich den Eindruck, dass sie die Hoffnung, dass wir ihr irgendwie helfen könnten, nicht aufgegeben hatte. Ich begann, mich in der Sitzung deutlich wohler zu fühlen. Als ich ein weiteres Treffen vorschlagen wollte, fragte ich Yasmin, ob es ihr gelungen sei, der Schildkröte einen Namen zu geben, woraufhin sie sagte: »Sie heißt Amaryllis«. Ich erwiderte: »Was für ein schöner Name! Könntest du mir einen Gefallen tun? Amaryllis ist nicht sehr glücklich darüber, in einer Kiste gehalten zu werden. Könntest du sie mit nach Hause nehmen und zu unserem nächsten Treffen mitbringen?« Yasmin gefiel diese Idee, und so endete das erste Treffen mit einer viel leichteren Note, als es begonnen hatte.

Überlegungen dazu, was dazu beigetragen hat, eine Verbindung mit Yasmin und Nadia herzustellen: Yasmin und ich hatten begonnen, eine fantasievolle Form von Spiel zu entwickeln. So kam die Idee auf, dass ein Stofftier unglücklich darüber sein könnte, seine Zeit in einer Schachtel zu verbringen! Sie nahm meine Einladung an, sich um die Schildkröte zu kümmern und ihr einen Namen zu geben. Diese Form des spielerischen Austauschs ist *nicht* die Vorstufe zur *echten* Therapie; sie ist der erste Schritt zum Beginn eines Dialogs mit dem Kind und seiner Mutter. Ich lasse mich auf einen Austausch mit Yasmin ein, ohne ihr allzu viele Anweisungen zu geben, außer dass ich versuche, sie ein wenig zu beruhigen. Ich könnte spekulieren, dass meine

Worte bezüglich der Pflege der Schildkröte vielleicht eine Metapher für mich als demjenigen waren, der sich um die weitere Entwicklung der Therapie kümmern sollte. Dass das Mädchen die Schildkröte streichelte, ein Lebewesen, das sich gerne in seinem Panzer versteckt, so wie Yasmin in ihrer schweren Kleidung, war eine Verbindung, die ich erst nach der Sitzung herstellte. Manchmal reagieren wir einfach nur mit einer Ahnung, einer Vermutung, in einem flüchtigen Moment, in der Hoffnung, dass sich etwas Nützliches ergibt. Diese Überlegungen waren in dem Moment, als ich das Mädchen und ihre Mutter traf, noch nicht vollständig ausgeprägt, aber sie wurden nach dem Ereignis deutlicher und halfen mir, meine spätere Arbeit mit ihnen zu gestalten.

John Shotter (2016) beschreibt dieses Handeln im Augenblick als Ausdruck einer »spontanen Reaktionsfähigkeit«, einer Bereitschaft, im Einklang mit einem anderen zu reagieren, wenn man sich auf die Erfahrung der Begegnung im Hier und Jetzt konzentriert.

Motivation zur Zusammenarbeit entsteht gemeinsam

Bei Yasmin und ihrer Mutter nahmen die Sitzungen zunächst Gestalt an, indem ich eine von gegenseitigem Respekt geprägte Beziehung zu beiden Klientinnen aufbaute. Sie begannen, mich als kompetent zu betrachten. Im Gegenzug wurde ich mir ihrer Stärken und ihres wachsenden Engagements in unseren Sitzungen bewusst. Die Richtung, die wir in der Therapie eingeschlagen hatten, und die gemeinsame Verpflichtung die daraus resultierte, halfen Yasmin, aus der Depression und dem Gefühl der Ängstlichkeit herauszukommen. Am Anfang dieses gemeinsamen Unterfangens stand, dass sie sich um das Stofftier Amaryllis kümmerte. Nadia hoffte in der Zwischenzeit, dass ich mich um ihre Tochter kümmern würde, und wollte diese Verantwortung zum Teil an mich abgeben.

Fortschritte in der Praxis

Manchmal scheint Fortschritt geradlinig zu verlaufen, aber oftmals gerät eine Therapie ins Stocken, so dass die Richtung der Reise nicht immer klar ist. Wundersame Momente der Offenbarung sind selten. Gute und effektive Praxis entsteht eher durch schrittweise, oft komplizierte, manchmal wage Ideen oder Zufallsereignisse, die darüber entscheiden, wie es weitergehen soll. Beharrlichkeit, realistischer Optimismus, Konsequenz, die Bereitschaft, präsent zu bleiben und in Krisenzeiten zur Verfügung zu stehen, sind jedoch die Eigenschaften, die Kinder und Familien als wichtig beschreiben, wenn sie gefragt werden, was ihnen in der Therapie geholfen hat. Unsere Praxis beruht auf einem gegenseitigen Lernprozess von Versuch und Irrtum, Reflexion, Neuverhandlung und Experimentieren und ist im Grunde ein Prozess der Humanisierung. Wendepunkte sind Indikatoren für den Fortschritt.

Ein Wendepunkt: Entfaltung des Ungesagten

Die nächsten beiden Sitzungen fanden wöchentlich statt, und wir beschlossen gemeinsam, dass ich mich mit Yasmin für ein paar Sitzungen allein treffen sollte, wobei das Feedback an Nadia gemeinsam mit Yasmin vereinbart wurde. Nach einigen Sitzungen, in denen wir auf sicherem Boden zu stehen schienen, kam Yasmin zu ihrer nächsten Sitzung und wirkte »intensiver« als zuvor, als ob sie etwas auf dem Herzen hätte. Wir fangen damit an, uns über die Schule, ihre Freundschaften und ihr Befinden auszutauschen. Die Atmosphäre ist erwartungsvoll.

> Randbemerkung: Manchmal ertappe ich mich dabei, dass ich mich zu sehr anstrenge, um mit einem jungen Klienten ins Gespräch zu kommen, und wenn ich das erkenne, werde ich bewusst langsamer, um zwischen den gesprochenen Worten Raum für Stille zu lassen.

Dann beginnt Yasmin, mir zu erzählen, dass sie früher mit ihrer Mutter und ihrer Tante Monika zusammengelebt hatte. Die Tante war behindert, und Yasmins Mutter hatte die Aufgabe, die Tante zu pflegen. Als sie beginnt, mir vom Leben mit ihrer Tante zu erzählen, zögert sie. Ich warte – und dann erzählt sie die Geschichte, wie sie von dieser Tante geschlagen wurde, ohne dass jemand etwas dagegen unternahm. In diesem Moment bin ich darauf bedacht, sie nicht mit Fragen zu den Details der Schläge zu unterbrechen, stattdessen bleibe ich aufmerksam und still. Schließlich hält Yasmin inne und ich frage sie, ob sie schon einmal darüber gesprochen hat. Sie erzählt mir, dass sie das noch nie getan habe. Es mache sie sehr wütend, wenn sie an die Schläge und die Ungerechtigkeit denke. Ich erfahre, dass die Schläge mehrere Jahre zurückliegen und Tante Monika inzwischen gestorben ist. Ich frage Yasmin:

»Wenn du deiner Tante sagen könntest, wie verletzt und wütend du über die Schläge bist, was hättest du ihr gesagt?«

Yasmin schüttelte den Kopf: »Ich konnte nichts zu ihr sagen!«

Ich erwähne, dass ich von anderen jungen Menschen, die ich getroffen habe, gelernt habe, dass es helfen kann, einer Person zu schreiben, die sie verletzt hat, selbst wenn diese Person nicht mehr lebt.

> Randbemerkung: Es kann sehr hilfreich sein, mit Kindern die Weisheit anderer Kinder zu teilen, die mit ähnlichen Herausforderungen im Leben konfrontiert waren. Dies ist eine Form der gemeinsamen Weisheit, bei der der Therapeut ein Kanal ist, um sein Wissen von anderen weiterzugeben. Außerdem ist es für Kinder manchmal einfacher, schmerzhafte Ereignisse einem Außenstehenden zu erzählen. Dies kann Schamgefühle abbauen.

Yasmin: »Ich könnte Tante Monika nie schreiben, auch wenn sie tot ist!«

»Okay«, sage ich, »ich habe eine Idee: Wie wäre es, wenn ich dein Sekretär werden würde und du meine Chefin. Ich kann das Schreiben übernehmen und du sagst mir, was ich in den Brief schreiben soll. Wie wäre das?«

Yasmin schaut nachdenklich und stimmt vorsichtig zu. Ich sitze im rechten Winkel zu ihr und halte Stift und Papier bereit, um das »Diktat« aufzunehmen. Yasmin zögert, dann beginnt sie ganz langsam, den Brief an die Tante zu diktieren. Er nimmt langsam Gestalt an.

»Liebe Tante Monika, ich bin froh, dass du nie Kinder hattest, denn du verdienst es nicht, glücklich zu sein. Du hast mich geschlagen und dich nie dafür entschuldigt. Das Schlimmste war, dass ich im Sommer Winterkleidung tragen musste.«

Ich halte inne und frage Yasmin, warum sie im Sommer Winterkleidung tragen musste, und sie antwortet mit klarer Stimme, dass die Winterkleidung ihre blauen Flecken überdecken sollte. Ich bin gerührt von dieser kindlichen, offenen Erklärung und habe Tränen in den Augen. Das Bild eines jungen Mädchens, das seine blauen Flecken auf dem Weg zur Schule verdeckt, bewegt mich. Yasmin bemerkt meine Tränen. Alles, was ich sagen kann, ist: »Das ist ja furchtbar«.

Schließlich stellten wir den Brief fertig. Yasmin bat mich, ihn für sie aufzubewahren. Als der Brief beiseitegelegt wurde, sagte Yasmin: »Es gibt noch etwas, das ich dir sagen muss. Ich erwartete, dass sie mir weitere Misshandlungen offenbaren würde, aber sie sagte: »Ich möchte mein Geschlecht verändern!«

Und so begann die nächste Phase der Therapie. Ihr Wunsch war der Beginn eines langwierigen Prozesses, der den Rahmen sprengen würde. Es ging mir darum, für die Zwecke dieses Textes die verschiedenen Elemente hervorheben, wie ein sicherer Rahmen geschaffen werden kann, um neue Möglichkeiten für den therapeutischen Dialog zu schaffen.

Überlegungen zu dieser Sitzung

Wir hören immer mit allen Sinnen zu. In dieser Geschichte ließ sich Yasmin auf einen spielerischen, wenn auch zugleich ernsten Rollentausch ein, bei dem ich ihr Sekretär wurde, um den Brief an Tante Monika zu schreiben. Dies bot ihr einen sicheren Rahmen, um die zuvor unausgesprochenen Worte über ihre ungerechte Behandlung zu entfalten. Sie spielte mit, und mit dieser Öffnung unternahm sie den weiteren mutigen Schritt, das Geheimnis ihres Gefühls, transgender zu sein, zu offenbaren.

Kinder warten wie Erwachsene, bis sie sich bereit fühlen, mit uns über tiefsitzende Sorgen zu sprechen. Die Anfänge der Beziehung bergen Möglichkeiten in sich, die zum Vorschein kommen, wenn der richtige Zeitpunkt da ist. Manchmal müssen wir warten und uns von dem überraschen lassen, was unsere Klientinnen uns anvertrauen.

Postskriptum über Yasmin und ihre Familie:
Der Kontext prägt die Möglichkeiten

Das Beispiel sollte das Wesen eines systemisch ausgerichteten Therapieansatzes bei einem jungen Menschen veranschaulichen. Die Zusammenarbeit schloss später ihre Mutter, eine Verbindung zu einer Transgender-Organisation, die ihr fortlaufende Unterstützung anbot, und schließlich eine Sozialfürsorgeorganisation, die sie beim Auszug von zu Hause unterstützte, mit ein. Der breitere Kontext ihrer Kultur war ein wichtiger Faktor bei der Gestaltung ihres zukünftigen Weges. Yasmin wollte nun Rafael heißen und mit »er« angesprochen werden. An der komplexen Frage, wie Rafael vor möglichem Missbrauch geschützt werden konnte, waren auch andere Fachleute beteiligt, und schließlich wurden Gespräche geführt, um ihm den Umzug in eine betreute Unterkunft zu ermöglichen. Die Wünsche von Rafael standen für die beteiligten Fachleute an erster Stelle. Es war wichtig zu wissen, dass Rafaels Bruder und sein von der Mutter getrennt lebender Vater beide fundamentalistische Muslime waren und dass der Vater sich weiter radikalisierte, als er nach Pakistan zurückkehrte. Dies bereitete mir und meinen Kollegen und Kolleginnen große Sorgen, da eine Offenlegung von Rafaels Wünschen gegenüber seinem Vater oder älteren Bruder ihn wahrscheinlich in große Gefahr gebracht hätte. Er bestand darauf, dass dies nicht geschehen sollte, und seine Wünsche wurden respektiert.

Dies ist ein Beispiel dafür, dass Praktiker sowohl einen detaillierten Blick auf das Leben einer Einzelperson als auch eine Weitwinkellinse für die verschiedenen Kontexte haben müssen, die einen tiefgreifenden Einfluss auf das haben können, was erreicht werden kann. Das Fallbeispiel veranschaulicht auch, wie wichtig die Zusammenarbeit mit verschiedenen Stellen ist. Komplexe psychosoziale Probleme erfordern einen klaren Dialog und offen unterstützende soziale Praktiken, die die breiteren Zusammenhänge des Lebens und der Schwierigkeiten eines Kindes einbeziehen. Einige Jahre später wurde ich von Rafael kontaktiert, der mir erzählte, dass er erfolgreich Film und Fotografie an der Universität studiert hatte. Im Alter von 18 Jahren hatte er zudem beschlossen, physiologisch weiblich zu bleiben.

Im Fallbeispiel »Yasmin/Rafael« lag der Schwerpunkt auf der individuellen Arbeit mit den Klientinnen. Im Gegensatz dazu geht es im zweiten Fallbeispiel hauptsächlich um das Netzwerk eines jungen Menschen, der sich nach der ersten Sitzung entschied, nicht mehr teilzunehmen. Seine indirekte Beteiligung an den Sitzungen ist ein Beispiel für einen jungen Menschen, der zwar physisch abwesend, aber bei den Überlegungen, wie ihm und seiner Familie geholfen werden kann, stets präsent war.

4.2 Jason, der »widerständige« Patient

Es war mein erstes Treffen mit Jason, einem fünfzehnjährigen Jungen, der mir als ängstlich und depressiv vorgestellt wurde. Wie bei Rafael traf ich Jason und Kelly, seine Mutter, im Wartezimmer. Jason sah mich nicht an, es herrschte betretenes Schweigen. Ich begann mit der Frage, ob sowohl Jason als auch seine Mutter sich mit mir treffen wollten, und nach langem Zögern nickte der Junge zustimmend. Er würde mich zunächst allein und später vielleicht mit seiner Mutter zusammen sehen.

Randbemerkung: Die anfängliche Verhandlung zwischen den Familienmitgliedern und dem Therapeuten ist von entscheidender Bedeutung für den Beginn einer Therapie. Die Therapeutin muss versuchen, herauszufinden, inwiefern die Beteiligten Bedenken bezüglich der Teilnahme an der Therapie haben könnten, wie viel ihnen zuzumuten ist und inwieweit sie überhaupt bereit sind, mitzumachen. Wenn ein Familientherapeut darauf besteht, dass alle Familienmitglieder anwesend sein müssen, ist das ein großer Fehler. Die Forderung kann als massive Zumutung empfunden werden, so dass Familien möglicherweise aus der Therapie aussteigen, bevor überhaupt eine Verbindung hergestellt werden konnte. Es geht nicht darum, eine Struktur aufzuzwingen, die nicht passt! Vielmehr zielt die Therapeutin darauf ab, eine nützliche Verbindung mit jeder Person herzustellen, deren Befürchtungen anzuerkennen und sie zu beruhigen, wenn es Unsicherheiten über die Gründe für das Treffen gibt (wie in Kapitel zwei beschrieben). Die erste Sitzung ist eine Verhandlung, in der festgelegt wird, wie es weitergehen soll und wer daran teilnehmen soll.

Ein überraschender Start

Ich traf Jason zum ersten (und einzigen) Mal, als er schließlich mit mir in mein Therapiezimmer kam. Als er mein Zimmer betrat, setzte er sich hin und begann sofort zu schluchzen. Ein herzzerreißendes Schluchzen, das mich verblüffte. Ich wusste nicht, was ich sagen oder tun sollte, aber etwas sagte mir, dass ich warten und sein Schluchzen nicht unterbrechen sollte. Endlich, nach einer scheinbar unendlich langen Zeit, versiegten die Tränen des Jungen, und sein Seufzen hörte auf. Während dieser Zeit saß ich schweigend mit gesenkten Augen da, eine spontane Geste, die zu der tiefen Traurigkeit des Jungen zu passen schien. Ich bemerkte mein eigenes Seufzen im Einklang mit Jason. Als sich meine Atmung entspannte, fragte ich ihn, ob er noch eine Weile in Stille sitzen wolle, und nach einigen weiteren Augenblicken fragte ich ihn, ob er möchte, dass seine Mutter sich zu uns setze, woraufhin er zustimmend nickte.

Randbemerkung: Stille ruft mitunter Ehrfurcht hervor, sie kann zum Nachdenken anregen und die Aufmerksamkeit auf die bereits gesprochenen Worte lenken. Schweigen kann aber auch als bedrückend, peinlich oder beschämend erlebt werden. Bei Jason war das Schweigen zwischen uns eine Bewegung, an der ich beteiligt war und die mir vermittelte, wie verzweifelt und unglücklich sich dieser junge Mensch fühlte. Ich spürte ein Gefühl der Schwere in meinem Magen und den Wunsch, ihn zu trösten. Doch stattdessen musste ich die Anspannung und die verzweifelte Traurigkeit akzeptieren, ohne der Versuchung zu erliegen, seine Traurigkeit durch zu viel Beruhigung zu lindern. Gegenwärtig zu sein bedeutet, mit einem anderen Menschen in Kontakt zu sein, ohne ihm seine Erfahrungen aufzudrängen.

Jason sah wie ein trauriger und einsamer Fünfzehnjähriger aus. Aus der Überweisung erfuhr ich, dass er seit über vier Monaten nicht

> mehr zur Schule gegangen war. Er blieb die meiste Zeit des Tages in seinem Zimmer und neigte zu Wutausbrüchen gegenüber seiner Mutter, auf die oft eine tränenreiche Entschuldigung folgte.

Nach einigen Minuten lud ich Kelly, seine besorgte Mutter, zu uns ein, und als sie ihren Sohn sah, begann auch sie zu weinen und erzählte von ihrer eigenen tiefen Trauer über den Tod ihres Bruders. Dieser hatte Selbstmord begangen. Hinzu kam, dass im Jahr zuvor auch ihre Mutter verstorben war. Es war, als hätten sowohl Kelly als auch Jason ihre Trauer und Verzweiflung bis zu diesem ersten Treffen zurückgehalten. An einem Punkt stoppte Kelly den Fluss ihrer schmerzhaften Erzählung und korrigierte sich selbst, indem sie sagte: »Aber ich bin nicht hier, um über meine Probleme zu sprechen. Wir sind hier, um Jason zu helfen!«

Wie von der Äußerung seiner Mutter entfesselt schaute Jason mich an und schrie: »Nicht ich brauche die verdammte Therapie, sondern sie!«, und verließ prompt den Raum. Ich habe ihn nicht wieder gesehen. Der dramatische Abgang ließ Kelly fassungslos zurück und ich fragte mich, wie es weitergehen sollte. Ich behielt jedoch im Hinterkopf, was Jason vor seinem Abgang gesagt hatte. Hierin bestand eine Herausforderung: Kelly wollte eine Therapie für ihren Sohn und der Sohn wollte, dass seine Mutter stattdessen eine machte.

Ich bat Kelly, wenn möglich, in der folgenden Woche mit Jason zu kommen. Falls dies nicht klappen sollte, sollte sie mit Mitgliedern ihrer Familie kommen, die sich ebenfalls Sorgen um ihn machten. Dies führte zu wöchentlichen Sitzungen mit Kelly, ihrem Ex-Mann John und ihrer zwanzig Jahre alten Tochter Samantha. Wir trafen uns sechs Mal zu »Think Tank«-Sitzungen, um zu besprechen, wie wir Jason helfen konnten. Nach jeder Sitzung schickte ich diesem eine schriftliche Nachricht, um ihn wissen zu lassen, dass er immer noch zu den Sitzungen kommen konnte, wenn er es wünschte.

> Randbemerkung: Es ist nicht immer notwendig oder hilfreich, von »Therapie« zu sprechen. In diesem Fall war die Idee einer Reihe von »Think Tank«-Sitzungen ein Konstrukt, das die Familienmitglieder akzeptabel fanden. Es ist wichtig, mit Worten zu spielen, um eine passende Definition für Familiensitzungen finden: Konsultationen, Gruppendiskussionen, Teamgespräche, Familientreffen – all dies sind Variationen, die für einige Klienten ansprechender sein können als »Familientherapie«-Sitzungen.
>
> Die Sitzungen halfen Jasons Familie, konstruktiver auf ihn zu reagieren: Sie fanden mehr deeskalierende Strategien, um auf seine Wutausbrüche und Forderungen an seine Mutter zu reagieren, und suchten nach einfallsreichen und unterstützenden Freunden für Jason, um ihn zu ermutigen, sein Zimmer und sein Zuhause von Zeit zu Zeit zu verlassen (einige der Strategien in den Think Tank-Sitzungen orientierten sich an den Methoden des gewaltfreien Widerstands, siehe z. B. Omer & v. Schlippe, 2023; Jakob, 2022). Im Laufe der Sitzungen erzählte Kelly, dass sie im Umgang mit Jason immer sicherer würde. Sie hatte begonnen, wieder die Gesellschaft von anderen zu suchen. Ihr wurde bewusst, dass die Fahrten zu unserer Klinik die ersten regelmäßigen Ausflüge waren, die sie seit über einem Jahr unternommen hatte.
>
> Mit der Zeit stimmte Jason zu, sich mit einem Nachhilfelehrer zu Hause zu treffen, der auch an unseren Think Tank-Sitzungen teilnahm, und die wöchentlichen Sitzungen wurden auf vierzehntägige und dann monatliche Sitzungen reduziert, als Jason sich wieder in die Welt der Gleichaltrigen, der Schule und des sozialen Lebens einfügte. Die Zusammenarbeit mit Jasons Familie wurde nach etwa sechs Monaten im gegenseitigen Einvernehmen beendet.

Reflexion

Ein wichtiges Merkmal der systemischen Praxis ist es, die Not der Kinder als eine – wenn auch sehr schmerzhafte und oft indirekte – Aufforderung zu begreifen, ihnen in ihrem Leben zu helfen. In diesem Fall hat Jason mir gegenüber zu Beginn sehr direkt geäußert, dass es seine Mutter sei, die die Therapie brauche. Es wäre jedoch ein Fehler, einfach den Fokus zu ändern und Kelly als Patientin zu sehen, wenn man deren Aussage berücksichtigt, dass sie Hilfe für ihren Sohn und nicht für sich selbst wollte.

Da Jason bei den Therapiesitzungen nicht anwesend war, war es schwierig zu rechtfertigen, dass sein Fall offenblieb, da die Richtlinien des psychiatrischen Dienstes vorschrieben, dass ein Kind bei der Behandlung physisch anwesend sein muss. Außerdem sollte der Fall abgeschlossen werden, wenn ein Kind sich nach zwei Einladungen weigert, Termine wahrzunehmen. Dies ist eine verständliche Reaktion, wenn die Ressourcen des Personals über ihre Grenzen hinaus beansprucht werden, aber es ist eine sehr eingeschränkte Perspektive darauf, wie man einigen sogenannten »resistenten« Klienten am besten helfen kann. Diese Vorgabe verkennt, dass eine wirksame Therapie indirekt durch die Einbeziehung wichtiger Personen im Leben eines Kindes erreicht werden kann, selbst wenn es nicht unmittelbar an einer Therapiesitzung beteiligt ist. Einfach ausgedrückt: Die systemische Therapie stellt das System in den Mittelpunkt und behandelt das Kind in seinem jeweiligen Kontext.

Sicherlich war Jason ein sehr trauriger und wütender Teenager und brauchte Hilfe, doch indem er sich weigerte, an den Sitzungen teilzunehmen, veranlasste er mich und seine Familie, andere Wege zu finden, um mit ihm in Kontakt zu treten. Ich schickte ihm aktuelle Informationen über die Treffen mit seiner Familie, in der Annahme, dass er es zu schätzen wüsste, wenn ich seinen Wunsch, seine Mutter möge sich selbst helfen, unausgesprochen bestätigte. Es wurde nie offen darüber gesprochen, aber am Ende unserer sechs Monate andauernden »Think Tank«-Sitzungen war Kelly eine viel aufgeschlossenere, selbstbewusstere Person geworden, deren eigene Probleme nicht mehr alles beherrschten. Sie hatte neue Horizonte in der Achtsamkeitspraxis gefunden und ging nun auch selbst zu einer Beratung.

Das Postskriptum zu unserer Arbeit war eine schriftliche Karte von Jason und seiner Familie, in der er schrieb: »Ich bin jetzt nicht mehr ängstlich und deprimiert. Danke, dass Sie meiner Familie geholfen haben!« Jasons Worte des Dankes kamen unerwartet, aber sie freuten mich sehr. Wenn man seine Nachricht an mich betrachtet, wird klar, dass er seine Depression als etwas sah, das durch die Hilfe für seine Familie behandelt wurde. Es war eine verschlüsselte Botschaft, die auch lauten könnte: »Danke, dass Sie meiner Mutter geholfen haben!«

Allerdings hatte ich die Think Tank-Sitzungen nicht mit dem Ziel begonnen, Kelly direkt zu helfen. Ich hatte mich auf die Ressourcen innerhalb der Familie konzentriert. Dazu gehörten Debatten darüber, wie man am besten auf Jasons Wut und sein manchmal kontrollierendes Verhalten seiner Mutter gegenüber reagieren kann (mit gewaltlosen Mitteln, wie oben angedeutet). Die Sitzungen beinhalteten die Entwicklung von Strategien, um kreativer auf Jason zu reagieren, und wurden immer wieder überprüft. Wir arbeiteten beziehungsorientiert und stellten Jason in den Mittelpunkt unserer Überlegungen. Obwohl die Zusammenarbeit mit Jason und seiner Familie schon vor einigen Jahren endete, inspiriert sie mich immer noch, weil alle Beteiligten – und auch ich – entschlossen waren, ihr Denk- und Verhaltensrepertoire zu erweitern, so wie dieses Buch Sie, liebe Leserin, lieber Leser, dazu einlädt, das Gleiche zu tun.

In beiden Fallbeispielen habe ich mich auf die Feinheiten der Praxis konzentriert. Das heißt, die Momente der Details unserer

Erfahrungen. Gleichzeitig habe ich gehofft, den weiten Blickwinkel einer systemischen Perspektive bei der Suche nach Ressourcen zur Unterstützung des Kindes im Kontext illustrieren zu können. Beide Dimensionen der Praxis sind gleichermaßen wichtig. Die systemische, spielerisch ernsthafte Praktikerin bzw. der Praktiker sieht den Lebenskontext eines Kindes als den Bereich, in dem ko-kreative Möglichkeiten entstehen. Hoffnung und realistischer Optimismus sind enge Verbündete von Kreativität.

Am Ende

5 Hoffnung aus kleinen Anfängen

»*Hoffnung ist nicht die Überzeugung, dass etwas gut ausgehen wird, sondern die Gewissheit, dass etwas sinnvoll ist, egal wie es ausgeht*« (Havel, 1991, S. 181).

Eine spielerisch ernsthafte Ausrichtung der Praxis mit Kindern und Jugendlichen verlangt von einem Therapeuten keine außergewöhnlichen Fähigkeiten, sie erfordert eine Haltung! Es ist eine Haltung der spielerischen Vorstellungskraft verbunden mit der Bereitschaft zu experimentieren und rigoros zu denken. Wie die hier besprochenen Fälle von Kindern zeigen, ermöglicht diese therapeutische Haltung, den Erfindungsreichtum und die Möglichkeiten des Kindes und der Menschen, die es lieben und mit ihm zusammenleben, zu erschließen. So wird der Weg für eine kreative Zusammenarbeit bereitet.

Wenn ich an die Kinder denke, die ich auf diesen Seiten erwähnt habe, erinnere ich mich an die Bedeutung kleiner Ereignisse, die den Weg zu großen Veränderungen weisen können. Auch wenn wir die Ergebnisse nicht vorhersagen können, lassen wir uns doch auf einen Prozess der hoffnungsvollen und kreativen Erkundung ein, der therapeutisch wirkt.

Kleine ausdrucksstarke Bewegungen wie Yasmins Trösten der Plüschschildkröte oder Jasons verzweifelter Blick, als er sagt: »Nicht ich brauche die verdammte Therapie, sondern meine Mutter!«. Das sind die »Einladungen« unserer jungen Klienten und Klientinnen, und unsere Aufgabe ist es, diese sensibel wahrzunehmen, sie anzunehmen und kreativ darauf zu reagieren.

Überraschung und Ungewissheit sollten in der Praxis eher begrüßt, als gefürchtet werden. Dies bedeutet nicht, dass wir Wissen, Forschungsergebnisse, Protokolle und Formulierungen links liegen lassen, sondern es betont die Bedeutung des »Gegenwartsmoments« in der therapeutischen Arbeit (Stern, 2005) – und erinnert uns daran, nicht zu weit vorauszudenken oder voreilige Schlüsse zu ziehen.

Um in der Praxis Risiken einzugehen, müssen wir uns sicher genug fühlen, zu improvisieren und spontan zu reagieren, ohne dabei aus den Augen zu verlieren, dass es darum geht, eine Verbindung zu unseren Klienten herzustellen und einen »angemessen ungewöhnlichen Unterschied« (Andersen, 1990, S. 34) in den Dialog einzuführen.

Ich habe mit den tragischen Ereignissen, die zu Arthurs Tod führten, begonnen, um zu betonen, dass Kreativität in der kindzentrierten Praxis darin wurzelt, Wege zu finden, wie das Leben eines Kindes geschützt und verbessert werden kann, und wie es Möglichkeiten erhält, seine eigenes kreatives Potenzial zu entfalten. Yasmin und Jason, deren Leben wir auf diesen Seiten kennengelernt haben, veranschaulichen die Möglichkeiten, die entstehen, wenn die therapeutische Praxis *spielerisch ernsthaft* sein kann. Unsere jungen Klientinnen verfügen über Fähigkeiten, die sie in die Lösung ihrer Probleme einbringen können. Und auch wenn es keine Wunderheilungen oder magischen Antworten gibt, so ist es doch wahrscheinlicher, dass eine gute Praxis und hoffnungsvolle Bemühungen entstehen, wenn die Therapeuten und Therapeutinnen kreative Risiken eingehen und ihre Ressourcen nutzen, um das Repertoire ihrer Methoden zu erweitern.

Wenn sich die Therapie- und Sozialarbeitspraktiken weiterentwickeln sollen, müssen wir bereit sein, zu experimentieren und neue Schritte zu unternehmen, um das zu verbessern, »was bei Kindern funktioniert« (Carr, 2000). Psychotherapeutische Praxis beruht auf professionellem Wissen, das wissenschaftlich beobachtet und abgesichert ist, doch Psychotherapie ist nicht unmittelbar umgesetzte Wissenschaft. Natürlich muss sie in Theorie und Wissenschaft verwurzelt sein, aber auf der Mikroebene des Handelns können viele der Handlungen, die Praktiker entwickeln (wie die Aufforderung an Yasmin, einen Namen für die Schildkröte zu finden), nicht von der Wissenschaft im Voraus als »effektiv« definiert werden (z. B. Buchholz, 1999; v. Schlippe, 2005). Die Praxis ist immer ein Prozess, sich auf Beziehung einzulassen. Zugleich geht es darum, die politischen und organisatorischen Strukturen zu reflektieren, die einen starken Einfluss darauf haben, wie Dienstleistungen für Kinder erbracht werden, und wie diese die Praktikerinnen und Therapeuten, die in den entsprechenden Kontexten arbeiten, beeinflussen.

Mit der Bitte um Verzeihung an den Dichter John Donne (1839) habe ich in dem folgenden berühmten Zitat aus »Meditation XVII« »Man« durch »Child« ersetzt[9]. Es ist eine kleine Hommage an Arthur.

»No child is an island, entire of itself; every child is a piece of the continent, a part of the main. If a clod be washed away by the sea, Europe is the less, as well as if a promontory were, as well as if a manor of thy friend's or of thine own were; any child's death diminishes me, because I am involved in human kind, and therefore never send to know for whom the bell tolls; it tolls for thee.«

---

9 Das Gedicht erweist sich als unübersetzbar. Es soll im Sinne des Autors dieses Buches daher für sich stehen (Anmerkung des Übersetzers).

6 Literatur

Andersen, T. (Hg.) (1990). *Das reflektierende Team.* Dortmund: Modernes Lernen.
Brady, G. (2005). ADHD, diagnosis, and identity. In: Newnes, C. und Radcliffe, N. (Hrsg.). *Making and Breaking Children's Lives* (p. 49–59). Ross-on-Wye: PCCS Book.
Buchholz, M. (1999). *Psychotherapie als Profession.* Gießen: Psychosozial.
Carr, A. (2000). *What Works with Children and Adolescents?* London: Brunner-Routledge.
Cecchin, G. (1988). Zum gegenwärtigen Stand von Hypothetisieren, Zirkularität und Neutralität – eine Einladung zur Neugier. *Familiendynamik* 13 (3), 190–203.
Cecchin, G., Lane, G., Ray W. A. (1993). *Respektlosigkeit – eine Überlebensstrategie für Therapeuten.* Heidelberg: Carl-Auer-Systeme.
Cecchin, G., Lane, G., und Ray, W., (1994). *The Cybernetics of Prejudices in the Practice of Psychotherapy.* London/New York: Karnac.
Coleman, S. (Hrsg.) (1985). *Failures in family therapy.* New York: Guilford Press.
Dallos, R. & Draper, R. (2005). *An introduction to family therapy: Systemic theory and practice.* Maidenhead: Open University Press.
Donaldson, M. (1978). *Childrens Minds.* New York: Norton.
Donne, J. (1839). Meditation XVII. In: Alford, H. (Ed). *The Works of John Donne, Volume 3* (p. 574–575). London: Parker.
Drews, A., Born, M. Schlippe, A. v. (2021). Reflektierende Positionen im Therapieprozess. In: Strauß, B., Galliker, M., Linden, M., Schweitzer, J. (Hg.), *Ideengeschichte der Psychotherapie. Theorien, Konzepte, Methoden* (S. 328–334). Stuttgart: Kohlhammer.
Fisch, R., Pferdekamp, M. Z. N., Weakland, J. H., & Segal, L. (1987). *Strategien der Veränderung: systemische Kurzzeittherapie.* Stuttgart: Klett-Cotta.
Frances, A. (2016). Eine entfesselte Diagnose-, Test- und Therapiewut. Kritische Überlegungen zum Diagnostischen und Statistischen Manual Psychischer Störungen – DSM-V. *Familiendynamik,* 41(2), S. 142–148.

Freire, P. (1996). *Pädagogik der Unterdrückten*. London. Penguin.

Freire, P. (1998). *Pädagogik der Freiheit*. New York: Rowman & Littlefield.

Fromm, E. (1982). *Über den Ungehorsam und andere Essays*. München: DVA.

Gawande, A. (2014). *Being mortal: Illness medicine and what matters in the end*. London: Wellcome Collection.

Gergen. K. J. (2009). *Relational being: Beyond self and community*. Oxford: Oxford University Press.

Gergen, K., Hoffman, L., Anderson, H. (1997). Diagnose – ein Desaster. Ein konstruktionistischer Trialog. *Zeitschrift für Systemische Therapie* 15(4), S. 224–241.

Grabbe, M. (2001). Kooperation mit Kindern in Therapie und Beratung. In Schlippe, A. v., Lösche, G., Hawellek, Ch. (Hrsg.) *Frühkindliche Lebenswelten und Erziehungsberatung. Die Chancen des Anfangs* (S. 220–242). Münster: Votum.

Havel, V. (1991). *Disturbing the Peace*. New York: Vintage.

Heimann. C. (2009). *A game of risk*. https://www.theguardian.com/stage/2009/may/09/improvisation-play-acting (Zugriff am 11.04.2023).

Hoffman, L. (1995). *Grundlagen der Familientherapie* (3. Auflage). Hamburg: Isko.

Holzman, L. (2009). *Vygotsky at work and play*. New York: Routledge.

Jakob, P. (2022). *Dem Trauma Widerstand leisten: Neue Autorität als familientherapeutischer und traumapädagogischer Ansatz*. Göttingen: Vandenhoeck & Ruprecht.

McCarthy, I. C., & Byrne, N. O. R. (1981). Mis-taken love: Conversations on the problem of incest in an Irish context. *Family Process, 27*(2), 181–199.

Miller, S. & Hubble, M. (2011). The Road to Mastery in Psychotherapy: Three steps for improving performance as a couple therapist. In: Weeks, G. R., Fife, S. T., Peterson, M. C. (Eds.), *Techniques for the Couple Therapist: Essential Interventions from the Experts* (p. 15–19). New York: Routledge.

Minuchin, S. (1997). *Familien und Familientherapie. Theorie und Praxis struktureller Familientherapie*. Freiburg: Lambertus.

Minuchin, S., Fishman, H. C. (1983). *Praxis der strukturellen Familientherapie. Strategien und Techniken*. Freiburg: Lambertus.

Minuchin, S., Reiter, M. D., & Borda, C. (2013). *The Craft of Family Therapy*. London: Routledge.

Murray, J. (2021). *Arthur Labinjo-Hughes: timeline of events that ended in his murder*. https://www.theguardian.com/society/2021/dec/03/arthur-labinjo-hughes-timeline-of-events-that-ended-in-his (Zugriff am 11.04.2023).

Omer, H., Schlippe, A. v. (2023). *Autorität durch Beziehung. Gewaltloser Widerstand in Beratung, Therapie, Erziehung und Gemeinde* (10., vollständig überarbeitete und erweiterte Auflage). Göttingen: Vandenhoeck & Ruprecht.

Schlippe, A. v. (2005). Zwischen Handwerk, Kunst, Wissenschaft und Beruf. Spannungsfelder systemischer Praxis. In: Schindler, H., Schlippe, A. v. (Hg.). *Anwendungsfelder systemischer Praxis* (S. 9–24). Dortmund: Borgmann.

Schlippe, A. v., Schweitzer, J. (2016). *Lehrbuch der systemischen Therapie und Beratung I: Das Grundlagenwissen* (3. Auflage). Göttingen: Vandenhoeck & Ruprecht.

Shepherd, R., Johns, J., & Taylor Robinson, H. (Eds.) (1996). *DW Winnicott: Thinking about children.* London: Karnac.

Shotter, J. (2016). *Speaking, Actually: Towards a new fluid common-sense understanding of relational becomings.* Farnhill: Everything is Connected Press.

Stern, D. (2005). *Der Gegenwartsmoment. Veränderungsprozesse in Psychoanalyse, Psychotherapie und Alltag.* Frankfurt: Brandes & Apsel.

Stith, S. M., Rosen, K. H., McCollum, E. E., Coleman, J. U., & Herman, S. A. (1996). The voices of children: Preadolescent children's experiences in family therapy. *Journal of Marital and Family Therapy, 22*(1), 69–86.

Timimi, S. (2007). *Mis-understanding ADHD: The Complete Guide for Parents to Alternatives to Drugs.* Bloomington und Milton Keynes Author House.

Timimi, S., & Leo, J. (Eds.) (2017). *Rethinking ADHD: From brain to culture.* London: Bloomsbury Publishing.

Wampold, B. E. (2015). How Important are the Common Factors in Psychotherapy? An Update. *World Psychiatry* 14(3), 270–277.

Watzlawick, P., Weakland, J. H., & Fisch, R. (2019). *Lösungen: Zur Theorie und Praxis menschlichen Wandels* (9., unveränderte Auflage). Göttingen: Hogrefe.

White, M., Epston, D. (1992). *Zähmung der Monster.* Heidelberg: Carl-Auer-Systeme.

White, M., (2011). *Narrative Practice. Continuing the Conversations.*, London: Norton.

Wilson, J. (1998). *Child Focused Practice: a collaborative systemic approach.* New York/London: Karnac.

Wilson, J. (2003). *Kindorientierte Therapie: Ein systemisch-kooperativer Ansatz.* Heidelberg: Carl-Auer-Systeme.

Wilson, J. (2007). *The Performance of Practice: enhancing the repertoire of therapy with children and families.* New York/London: Karnac.

Wilson, J. (2013). A social relational critique of the biomedical definition and treatment of ADHD: ethical, practical and political implications. *Journal of Family Therapy* 36, 6–19.

Wilson, J. (2015). Family Therapy as a Process of Humanization: the contribution and creativity of Dialogism. *Australian and New Zealand Journal of Family Therapy* 36(1), 6–19.

Wilson, J. (2017). *Creativity in Times of Constraint: A Practitioner's Companion in Mental Health and Social Care*. London: Routledge.

Wilson, J. (2021). Boxed in? Commentary on Widening the Screen: Playful Responses to challenges in online therapy with Children and Families. *Journal of Family Therapy* 43(2), 346–350.

Wilson, J. (2022a). Woran erkennt man, ob ein Goldfisch weint? Betrachtungen über das Geschichtenerzählen in der Therapie. In: Jakob. P., Borcsa, M., Olthof, J., Schlippe, A. v. (Hg.). *Narrative Praxis. Ein Handbuch für Beratung, Therapie und Coaching*. Göttingen: Vandenhoeck & Ruprecht, S. 258–262.

Wilson, J. (2022b). Wie man Bilder für therapeutische Geschichten mit Kindern findet. In: Jakob. P., Borcsa, M., Olthof, J., Schlippe, A. v. (Hg.). *Narrative Praxis. Ein Handbuch für Beratung, Therapie und Coaching*. Göttingen: Vandenhoeck & Ruprecht, S. 263–271.

7 Der Autor

Jim Wilson ist systemischer Psychotherapeut, Familientherapeut und unabhängiger Berater mit über vierzig Jahren Erfahrung in den Bereichen Familientherapie und psychische Gesundheit von Kindern und Jugendlichen. Er ist ehemaliger Vorsitzender des »Family Institute«, Cardiff, Wales, und ehemaliger Direktor des »Centre for Child Studies« am »Institute of Family Therapy«, London. Er begann seine Tätigkeit als Sozialarbeiter in seinem Heimatland Schottland, bevor er sich auf die Entwicklung, Ausbildung und Praxis der Familientherapie in einem breiten Spektrum von Einrichtungen einschließlich des freiwilligen und staatlichen Sektors im Vereinigten Königreich spezialisierte.